Hermann Hitzig

Studien zu Isaeus

Hermann Hitzig

Studien zu Isaeus

ISBN/EAN: 9783744656641

Hergestellt in Europa, USA, Kanada, Australien, Japan

Cover: Foto ©ninafisch / pixelio.de

Weitere Bücher finden Sie auf **www.hansebooks.com**

Jahresbericht

über

das städtische Gymnasium in Bern

1883.

Dazu eine wissenschaftliche Abhandlung von Prof. Dr. Hitzig, Rector der Literarschule:

Studien zu Isaeus.

Inhalt.

I. Organisation: reglementarische Bestimmungen.
II. Unterricht während des Schuljahres 1882/1883.
III. Beiträge zur Schulchronik.
IV. Beiträge zur Schulstatistik.
V. Uebersicht der Prüfungen und Repetitionstage.

I. Das städtische Gymnasium in Bern

ist eine vierfache Anstalt; ihre Teile sind: *a.* ein Progymnasium, *b.* eine Handelsschule, *c.* eine Realschule, *d.* eine Literarschule.

a. Das **Progymnasium** besteht aus vier Klassen; das Normaleintrittsalter für die unterste Klasse ist das zurückgelegte zehnte Lebensjahr.

b. Die **Handelsschule** besteht aus zwei Klassen; das Normaleintrittsalter für die untere Klasse ist das zurückgelegte vierzehnte Lebensjahr. Die Handelsschule bereitet ihre Schüler für den Eintritt in kaufmännische Geschäfte und zu einer erfolgreichen Lehrzeit in denselben vor, sowie für den Eintritt in den Post- und Eisenbahndienst etc.

c. Die **Realschule** besteht aus vier Klassen, von denen die letzte nur einen halbjährigen Kursus hat; das Normaleintrittsalter für die unterste Klasse ist das zurückgelegte vierzehnte Lebensjahr. Die Realschule bereitet die Schüler für technische Berufsarten und zum Eintritt in technische Fach- und Hochschulen (z. B. das eidgenössische Polytechnikum) vor.

d. Die **Literarschule** besteht aus fünf Klassen, von denen die letzte nur einen halbjährigen Kursus hat; das Normaleintrittsalter für die unterste Klasse ist das zurückgelegte vierzehnte Lebensjahr. Zweck und Ziel der Literarschule ist die Vorbereitung für Universitätsstudien.

Sämmtliche Unterrichtsfächer sind in allen Abteilungen des städtischen Gymnasiums o b l i g a t o r i s c h , mit Ausnahme des Religionsunterrichtes, sowie in der Literarschule des Unterrichtes im Hebräischen, im Englischen und im Zeichnen, in letzterem Fache von Klasse II an.

Die A u f n a h m e neuer Schüler findet in der Regel nur zu Anfang des neuen Schuljahres im Frühling statt. Bei der Anmeldung hat jeder Schüler Geburts- und Impfschein und — falls er bereits eine andere Schule besucht hat — ein Zeugniß derselben über Befähigung, Kenntnisse, Fleiß und sittliches Verhalten beizubringen.

Die Aufnahme hängt von dem Resultat einer Prüfung ab, der sich alle Neueintretenden zu unterziehen haben. Wenn sich Schüler fremder Zunge zur Aufnahme melden, so haben sie vor Allem sich darüber auszuweisen, daß sie genügende Kenntnisse in der deutschen Sprache besitzen, um dem Unterricht mit Verständniß folgen zu können.

Bei der Prüfung für den Eintritt in die unterste Klasse des Progymnasiums soll der Aufzunehmende nachweisen, daß er
1) diktirte deutsche Sätze mit genügender Fertigkeit orthographisch niederzuschreiben verstehe;
2) genügende Uebung besitze im Rechnen der vier Species mit ganzen Zahlen.

Für die übrigen Klassen erstrecken sich die Aufnahmsprüfungen auf folgende Fächer:
für die vorletzte Klasse des Progymnasiums: auf Deutsch, Latein und Rechnen;
für die beiden obern Klassen des Progymnasiums: auf Deutsch, Französisch, Latein und Rechnen;
für die Realschule: auf Deutsch, Französisch, Mathematik und — für die drei obern Klassen — Physik;
für die Handelsschule: auf Deutsch, Französisch, Rechnen, Mathematik und — für Klasse I — Englisch;
für die Literarschule: auf Deutsch, Latein, Französisch, Mathematik und — mit Ausnahme der untersten Klasse - Griechisch.

Das Maß der Forderungen bei der Aufnahmsprüfung in eine bestimmte Klasse richtet sich nach dem Pensum der vorausgehenden.

Jeder neu eintretende Schüler hat ein Eintrittsgeld von Fr. 5 zu entrichten. Das Schulgeld beträgt am Progymnasium jährlich Fr. 40, an den drei obern Abtheilungen Fr. 60. Bei der Promotion in eine höhere Klasse hat jeder Schüler ein Promotionsgeld von Fr. 2 zu bezahlen.

Für jede Klasse können durchschnittlich vier Freistellen und für die obern Klassen auch Stipendien im Betrage von Fr. 100—200 an tüchtige und bedürftige Schüler je auf ein Jahr vergeben werden.

Schülerreisen. In den Sommerferien werden von einer erheblichen Anzahl von Schülern aus den drei obern Abteilungen zur Belohnung des Fleisses und guten Betragens unter der Führung von Lehrern Reisen unternommen, deren Kosten durch die Zinsen der «Meyerstiftung» und einen Beitrag des Staates bestritten werden.

Schüler auswärtiger Eltern haben bei ihrer Aufnahme dem Rektor anzuzeigen, bei wem sie Kost und Logis haben. Die Schulkommission ist befugt, ungeeignete Kost- und Wohnorte zu untersagen, ohne zu Angabe von Gründen verpflichtet zu sein.

II. Unterricht während des Schuljahres 1882—1883.

A. Progymnasium.

Fächer.	Wöchentliche Stunden in den Klassen				Summa.
	IV. A. B.	III. A. B.	II. A. B.	I. A. B.	
Religion	(2)	(2)	(2)	(1)	(14)
Latein	6	6	6	7	50
Deutsch	6	4	4	4	36
Französisch	—	5	4	4	26
Arithmetik	5	4	4	2	30
Algebra		—	—	3	6
Geometrie	-	—	—	2	4
Naturgeschichte	—	—	2	2	8
Geographie	2	2	2	2	16
Geschichte	2	2	2	2	16
Zeichnen	3	2	2	2	18
Schreiben	2	2	2	—	12
Singen	2	2	2	1	14
Turnen	2	2	2	2	16
Schwimmen	im Sommer täglich 1 Stunde.				
Obligatorisch	30	31	32	33	252
Fakultativ	2	2	2	1	14

B. Handelsschule.

Fächer.	Wöchentliche Stunden in den Klassen		
	II.	I.	Summa.
Religion	(1)	(1)	(2)
Deutsch	4	3	7
Französisch	5	3	8
Englisch	4	3	7
Italienisch	—	5	5
Kaufmännische Arithmetik	3	3	6
Kontorarbeiten	2	—	2
Buchhaltung	2	2	4
Handelskunde incl. H.- u. W.-Gesetzgeb.	2	2	4
Handelsgeographie	—	2	2
Geschichte	1	1	2
Naturgeschichte	2	—	2
Physik	2	—	2
Chemie	—	2	2
Waarenkunde	—	2	2
Mathematik	2	2	4
Schreiben	2	—	2
Zeichnen	2	2	4
Singen	—	1	1
Turnen	2	2	4
Obligatorisch	35	35	70
Fakultativ	1	1	2

C. Realschule.

Fächer.	Wöchentliche Stunden in den Klassen				
	IV.	III.	II.	I. (Sommer)	Summa.
Religion	(1)	(1)	—	—	(2)
Deutsch	3	3	3	3	10^{1}
Französisch	5	3	3	3	12^{1}
Englisch	3	3	3	—	9
Algebra	3	3	3	4	11
Geometrie	4	3	2*	4	11
Praktische Geometrie	—	1	2*	—	3
Darstellende Geometrie	—	2	2**	2	5
Mechanik	—	—	2	2	3
Physik	2	2	3	3	6^{1}
Chemie	—	3	2	5	7^{1}
Naturgeschichte	2	2	2	—	6
Geschichte	2	2	2	—	6
Geographie	2	—	—	—	2
Technisches Zeichnen	4	3	2	5	11^{1}
Kunstzeichnen	2	2	2	2	7
Singen	1	1	1	1	3^{1}
Turnen	2	2	2	2	7
Obligatorisch	35	35	36	36	124
Fakultativ	1	1	—	—	2

* Sommer 3, Winter 1. — ** Sommer 1, Winter 3.

D. Literarschule.

Fächer.	Wöchentliche Stunden in den Klassen						
	IV.	III A.	III B.	II.	I.	O. Pr. (Sommer.)	Summa.
Religion	(1)	(1)	(1)	(1)	(1)	—	(5)
Latein	6	6	6	6	6	6	33
Griechisch	7	7	7	7	7	6	38
Deutsch	3	3	3	3	3	3	$16\frac{1}{2}$
Französisch	3	3	3	3	3	1	$15\frac{1}{2}$
Englisch	—	(2)	(2)	(2)	(2)	—	(8)
Hebräisch	—	—	—	(3)	(2)	(2)	(6)
Algebra	2	2	2	2	2	2	11
Geometrie	2	3	3	2	2	2	13
Physik	—	—	—	2	2	2	5
Chemie	—	—	—	2	2	2	5
Naturgeschichte	2	2	2	—	—	—	6
Alte Geographie	1	—	—	—	—	—	1
Geschichte	2	3	3	3	2	2	14
Zeichnen	2	2	2	(2)	(2)	—	6 + (4)
Singen	1	1	1	1	1	—	5
Turnen	2	2	2	2	2	(2)	10 + (1)
Obligatorisch	33	34	34	33	32	26	179
Fakultativ	1	3	3	8	7	4	24

A. Progymnasium.

Klasse IV.

Parallelklasse A.

Religion. 2 Stunden. Biblische Geschichten des alten Testamentes bis zur Zeit der Könige. Memoriren von Bibelsprüchen. Hr. Pfr. Thellung.

Latein. 6 Stunden. Deklination der Substantiva, Adjektiva und Pronomina. Komparation. Numeralia. Verbum esse und die erste Konjugation (nach Ellendt-Seyffert). — Uebersetzungen aus Wesener's Elementarbuch für Sexta (bis Nr. 71). Hr. Wernly.

Deutsch. 6 Stunden. Behandlung einfacher prosaischer und poetischer Stücke aus Edinger I. Memoriren, namentlich von Gedichten. Schriftliches und besonders häufig mündliches Nacherzählen. Grammatik: Kenntniß der Wortarten und der Elemente des einfachen Satzes. Orthographische Uebungen. Flexion des Verbs, des Substantivs und des Pronomens. Hr. Wernly.

Arithmetik. 5 Stunden. Kenntniß der gebräuchlicheren Münzen, Maße und Gewichte; Resolviren und Reduziren; die vier Operationen mit mehrfach benannten Zahlen; leichte Anwendungen. Einleitung zu den gemeinen Brüchen. Hr. Wernly.
Geographie. 2 Stunden. Heimatkunde. Topographie des Kantons Bern. Uebersicht der physikalischen und politischen Geographie der Schweiz. Hr. Langhans.
Geschichte. 2 Stunden. Biographische Darstellungen aus der alten Geschichte in chronologischer Reihenfolge; Einprägung einiger Hauptdaten. Hr. Wernly.
Zeichnen. 3 Stunden. Elementarzeichnen nach Vorzeichnungen auf der Wandtafel bis zu einfachen Beispielen flacher Ornamentik. Hr. W. Benteli.
Schreiben. 2 Stunden. Einübung der französischen Schrift mit und ohne Taktiren. Hr. Wernly.
Singen. 2 Stunden. Vielfache melodische, rhythmische und dynamische Uebungen. Tonunterscheidungs- und Treffübungen. Zweistimmige Uebungen und Lieder von Weber. Tabellen. Hr. Wernly.
Turnen. 2 Stunden. Ordnungs-, Frei- und Gerätübungen. Spiele. Hr. Wernly.

Parallelklasse B.

Religion. 2 Stunden. Wie in Klasse IV A. Memoriren einer mäßigen Anzahl von Bibelsprüchen und religiösen Liedern. Hr. Hegg.
Latein. 6 Stunden. Regelmäßige Formenlehre nach der Methode und den Lehrbüchern für Sexta von H. Perthes, bis Nr. 65 des Lesebuches. Wöchentlich 1 Subitaneum. Hr. Niggli.
Deutsch. 6 Stunden. Behandlung prosaischer und poetischer Lesestücke aus Edinger I. Memoriren von Gedichten. Schriftliches und mündliches Nacherzählen, sowie freie Aufsätze. Grammatik: Kenntniß der Wortarten und des einfachen Satzes. Flexion von Substantiv, Adjektiv, Pronomen, Verb. Hr. Langhans.
Arithmetik. 5 Stunden. Wie in Klasse IV A. Hr. Langhans.
Geographie. 2 Stunden. Wie in Klasse IV A. Hr. Langhans.
Geschichte. 2 Stunden. Wie in Klasse IV A. Hr. Wernly.
Zeichnen. 3 Stunden. Elementarzeichnen bis zu einfachen Beispielen flacher Ornamentik nach Vorzeichnungen auf der Wandtafel. Hr. Volmar.
Schreiben. 2 Stunden. Uebungen in deutscher und französischer Kurrentschrift. Hr. Langhans.
Singen. 2 Stunden. Wie in Klasse IV A. Hr. Wernly.
Turnen. 2 Stunden. Wie in Klasse IV A. Hr. Langhans.

Klasse III.

Parallelklasse A.

Religion. 2 Stunden. Biblische Geschichten des alten Testamentes von Moses an. Memoriren von Bibelsprüchen. Hr. Pfr. Thellung.
Latein. 6 Stunden. Regelmäßige Formenlehre nach Ellendt-Seyffert. Mündliche und schriftliche Uebersetzungen aus Dr. P. Wesener's lateinischem Elementarbuch für Sexta (bis Nr. 71). Memoriren der Wörter aus dem dazu gehörigen Vocabularium von Wesener. Wöchentlich ein Subitaneum. Hr. Lüscher.

Deutsch. 4 Stunden. Behandlung einfacher Poesien und Prosastücke aus Edinger's Lesebuch I. Memoriren und Recitiren. Die Lehre vom erweiterten einfachen Satze. Repetition der Formenlehre. Aufsätze: Erzählungen und Beschreibungen. Hr. Em. Lüthi.

Französisch. 5 Stunden. Vollständiges Einüben der regelmäßigen Verben. Stamm- und abgeleitete Zeiten. Kenntniß und Anwendung der persönlichen Fürwörter. Diktir- und Leseübungen. Uebersetzen und Memoriren von französischen Uebungs- stücken in Miéville's Elementarbuch. Hr. Robert.

Arithmetik. 4 Stunden. Wiederholung. Die gemeinen Brüche; angewandte Aufgaben. Hr. Zwicky.

Geographie. 2 Stunden. Beschreibung der Länder Europa's. Hr. Em. Lüthi.

Geschichte. 2 Stunden. Geschichte des Mittelalters in vorherrschend biographischer Behandlung. Hr. Em. Lüthi.

Zeichnen. 2 Stunden. Beispiele flacher Ornamentik nach Vorzeichnungen auf der Wandtafel. Hr. W. Benteli.

Schreiben. 2 Stunden. Uebungen in der deutschen und englischen Kurrentschrift nach der Taktirmethode. Hr. Volmar.

Singen. 2 Stunden. Singstoff: Schäublin, Tabellenwerk, Munzinger, Chorgesangübungen, Nr. 25–54. Schäublin, Kinderlieder. Schriftlich: Das Tetrachord und dessen Um- bildung. Die dur-Tonleiter und deren Umbildung: C. G. F. D. B. Intervalle; große und kleine Sekund, Terz, Sext und Septime und deren Umkehrung; Drei- klang und Quart-Sext-Akkord. Hr. Munzinger.

Turnen. 2 Stunden. Ordnungsübungen: Die Zweierreihe: Reihen, Schwenken und Abstandnehmen nach Schritten. — Freiübungen: Schrägschritt-, Grätsch- und Hockstellungen; Spreizen; Fersen- und Kniebeben; Rumpfübungen mit Arm- haltungen; Kreisschwingen, Beugen und Strecken der Arme. Hüpfen und Springen mit Drehen und in Schrittstellungen. Verbindungen. — Gerätübungen: Springel, Schrägbrett, Leiter, Klettergerüst, Reck, Barren. — Bewegungsspiele. Hr. Haus- wirth.

Parallelklasse B.

Religion. 2 Stunden. Biblische Geschichten des alten Testamentes, Abschluß und Re- petition. Landeskunde von Palästina. — Im letzten Quartal: Biblische Geschichten des neuen Testamentes. — Memoriren einer mäßigen Anzahl von Bibelsprüchen und religiösen Liedern. Hr. Hegg.

Latein. 6 Stunden. Regelmäßige Formenlehre nach der Methode und den Lehrbüchern für Sexta von Hermann Perthes, bis Nr. 100 des Lesebuches. Wöchentlich ein Subitaneum. Hr. Hegg.

Deutsch. 4 Stunden. Leseübungen in Edinger I. Memoriren von Gedichten. Lehre vom einfachen Satz. Orthographische Uebungen. Freie Vorträge kleiner Erzählungen. Aufsätze. Hr. Frey.

Französisch. 5 Stunden. Einübung der Fürwörter, Zahlwörter und Umstandswörter. — Die vier regelmäßigen Konjugationen mit den Abweichungen der ersten. Stamm- und abgeleitete Zeiten. Das rückbezügliche regelmäßige Zeitwort. Mündliche und schriftliche Uebersetzung aller in dem ‹Cours élémentaire› 2. Teil. von Miéville, enthaltenen Aufgaben. Genaues Memoriren der dazu gehörenden Vokabeln. Lesen, Uebersetzen und Memoriren aus ‹Exercices et Lectures› par Rufer, II. — Diktate. Hr. Niggli.
Arithmetik. 4 Stunden. Wie in Klasse III A. Hr. Zwicky.
Geographie. 2 Stunden. Physikalische und politische Geographie von Europa. Hr. Langhans.
Geschichte. 2 Stunden. Geschichte des Mittelalters (in biographischer Form) bis auf Rudolf von Habsburg. Hr. Lüscher.
Zeichnen. 2 Stunden. Wie in Klasse III A. Hr. Volmar.
Schreiben. 2 Stunden. Uebungen in der deutschen und englischen Kurrentschrift. Hr. Robert.
Singen. 2 Stunden. Wie in Klasse III A. Hr. Munzinger.
Turnen. 2 Stunden. Wie in Klasse III A. Hr. Hauswirth.

Klasse II.

Parallelklasse A.

Religion. 2 Stunden. Leben Jesu mit Hervorhebung der Lehre Jesu, namentlich der Bergpredigt und schwierigerer Gleichnisse. Memoriren einer Anzahl Lieder aus dem Berner Kirchengesangbuch. Hr. Pfr. Thellung.
Latein. 6 Stunden. Abschluß und Wiederholung der regelmäßigen Formenlehre und die unregelmäßige Formenlehre. Mündliches und schriftliches Uebersetzen aus dem Elementarbuche von Wesener für Sexta. pag. 54 ff., für Quinta pag. 1—44 ganz, von 45—69 in ausgewählten Abschnitten. Wöchentlich ein Subitaneum. Memoriren aus dem Vokabularium von Wesener. Hr. Lüscher.
Deutsch. 4 Stunden. Behandlung von Lesestücken aus Edinger's Lesebuch I. Memoriren und Recitiren von Gedichten. Grammatik: Die Lehre vom zusammengesetzten Satze. Schriftliche Reproduktion von Erzählungen; Beschreibungen und kleine Abhandlungen. Hr. Em. Lüthi.
Französisch. 4 Stunden. Unregelmäßige Zeitwörter. Uebersetzungen aus dem ‹Cours élémentaire› 3. Teil, von Miéville. Lesen und Uebersetzen in den ‹ Lectures graduées› von Miéville bis § 37. Auswendiglernen von kleinen Gedichten und Erzählungen. Hr. Robert.
Arithmetik. 4 Stunden. Die Decimalbrüche unter steter Berücksichtigung und Wiederholung der gemeinen Brüche. Angewandte Aufgaben. Hr. Ribi.
Naturgeschichte. 2 Stunden. Im Sommer: Botanik: Wurzel, Stengel, Blatt und Blüthe. Zahlreiche Exkursionen. — Im Winter: Vergleichung der Extremitäten der Wirbeltiere. — Die Haut der Wirbeltiere und ihre Abkömmlinge. Der Darmkanal. Lunge und Herz. Der Vogel und das Fliegen. Das Insekt. Beschreibung einiger Vertreter aus den Klassen der Säugetiere. Hr. Fankhauser.

Geographie. 2 Stunden. Beschreibung der außereuropäischen Weltteile und übersichtliche Repetition der politischen Geographie von Europa. Hr. Em. Lüthi.
Geschichte. 2 Stunden. Schweizergeschichte von der Urzeit bis zur Schlacht von Marignano. Hr. Em. Lüthi.
Zeichnen. 2 Stunden. Schwierigere Beispiele flacher Ornamentik nach Vorzeichnungen auf der Wandtafel; Schattirübungen; Copiren leichter schattirter Ornamente nach Häuselmann, Taubinger und Carot. Beginn des perspektivischen Kurses. Hr. W. Benteli.
Schreiben. 2 Stunden. Uebungen in der deutschen und englischen Kurrentschrift nach der Taktirmethode. Hr. Volmar.
Singen. 2 Stunden. Singstoff: Munzinger, Chorgesangübungen, Nr. 1—15, 40—90, 105—109. Zweistimmige Volkslieder. G. Weber, neues Schulgesangbuch, ein- und zweistimmige Lieder. Heim, Liedersammlung für gemischten Chor. — Schriftlich: Dur- und moll-Tonleiter, chromatische Tonleiter. Intervalle. Dur- und moll-Dreiklang und Quart-Sext-Akkord. Modulation. S. pag. 26. Hr. Munzinger.
Turnen. 2 Stunden. Ordnungsübungen: Die Viererreihe: Ziehen, Schwenken, Staffelung. — Freiübungen: Stellungen mit Stand auf einem Bein. Schreiten mit Kniebeugen. Rumpfübungen im Grätschstand. Armstoßen. Verbindungen. — Gerätübungen: Eisenstab, Springel, Schrägbrett, Leiter, Klettergerüst, Reck, Barren. Bock, Stemmbalken (Pferd). — Bewegungsspiele. Hr. Hauswirth.

Parallelklasse B.

Religion. 2 Stunden. Wie in Klasse II A. Memoriren einer mäßigen Anzahl von Bibelsprüchen und religiösen Liedern. Hr. Hegg.
Latein. 6 Stunden. Abschluß und Wiederholung der regelmäßigen Formenlehre und die unregelmäßige Formenlehre, nach Methode und Lehrbüchern für Sexta und Quinta von Hermann Perthes, mit Ausnahme der großen, zusammenhängenden Lesestücke. Wöchentlich ein Subitaneum. Hr. Hegg.
Deutsch. 4 Stunden. Formenlehre und Repetition der Lehre vom einfachen Satz. Lesen in Edinger I und grammatische Analyse des Gelesenen, orthographische Uebungen, Lernen von Gedichten, freie Vorträge von Erzählungen; Aufsätze. Hr. Frey.
Französisch. 4 Stunden. Die unregelmäßigen Zeitwörter mit den wichtigsten Ableitungen. Die Anwendung des Subjonctif. Mündliche und schriftliche Uebersetzung der bezüglichen Aufgaben aus dem «Cours élémentaire» 3. Teil, von Miéville, Nr. 1—15. Lesen und Uebersetzen in den «Lectures graduées» von Miéville. Auswendiglernen von kleinen Gedichten und Prosastücken. Diktirübungen. Hr. Niggli.
Arithmetik. 4 Stunden. Wie in Klasse II A. Hr. Zwicky.
Naturgeschichte. 2 Stunden. Wie in Klasse II A. Hr. Fankhauser.
Geographie. 2 Stunden. Elemente der mathematischen Geographie. Geographie der außereuropäischen Erdteile. Hr. Langhans.
Geschichte. 2 Stunden. Wie in Klasse II A. Hr. Lüscher.
Zeichnen. 2 Stunden. Schwierigere Beispiele flacher Ornamentik. Schattirübungen. Kopiren leichter schattirter Ornamente nach Taubinger und Carot. Hr. Volmar.

Schreiben. 2 Stunden. Uebungen in der deutschen und englischen Kurrentschrift. Hr. Volmar.
Singen. 2 Stunden. Wie in Klasse II A. Hr. Munzinger.
Turnen. 2 Stunden. Wie in Klasse II A. Hr. Hauswirth.

Klasse I.

Parallelklasse A.

Religion. 1 Stunde. Gründung und Ausbreitung der christlichen Kirche in der apostolischen Zeit (Apostelgeschichte und einschlägige Stellen der apostolischen Briefe). Memoriren einiger Lieder. Hr. Hegg

Latein. 7 Stunden. Abschluß und Repetition der regelmäßigen Formenlehre. Unregelmäßige Formenlehre. Ostermann's Vokabularium für Quarta. Kasuslehre etc. nach Ostermann. Schriftliche und mündliche Uebersetzungen aus Ostermann für Quarta. Lektur: Im Sommer: Wesener II. Im Winter: Nepos: Milt., Arist., Paus., Cimon, Lys., Thrasyb., Conon, Iphicr., Chabr., Timoth., Epam., Pelop., Ages.. Hr. Edinger.

Deutsch. 4 Stunden. Erklärung ausgewählter prosaischer und poetischer Lesestücke aus Edinger's Lesebuch II. Memoriren und Recitiren. Analytische Uebungen in der Satz- und Wortlehre. Elemente der Prosodik und Metrik. Aufsätze im Anschluß an behandelte Lesestücke, sowie aus Geschichte und Geographie. Hr. Em. Lüthi.

Französisch. 4 Stunden. Der 3. Teil des Cours élémentaire von Miéville. Schriftliche Uebungen bis § 85. Lesen und Uebersetzen von Stücken aus den Lectures graduées von Miéville bis § 49. Recitationen. Hr. Robert.

Arithmetik. 2 Stunden. Geometrische Verhältnisse und Proportionen; die sogenannten bürgerlichen Rechnungsarten mit besonderer Berücksichtigung der Zins- und Prozentrechnungen. Hr. Ribi.

Algebra. 3 Stunden. Die vier ersten Operationen mit ganzen Zahlen und Brüchen; Gleichungen des ersten Grades mit einer Unbekannten; Ausziehen der Quadrat- und Kubikwurzel. Hr. Ribi.

Geometrie. 2 Stunden. Geometrische Formenlehre und einleitende Uebungen im Beweisen von Lehrsätzen und im Lösen geometrischer Aufgaben. Planimetrie, 1. Teil: Die Winkel und die Parallelen, das Dreieck, das Viereck und das Vieleck, der Kreis. Hr. Koch.

Naturgeschichte. 2 Stunden. Im Sommer: Botanik: Kurze Organographie der Blüthenpflanze. Bestimmen leichterer Phanerogamen nach einem selbstangelegten Heft. Exkursionen. — Im Winter: Das Einfachere aus der Lehre vom menschlichen Körper. Beschreibung der Hauptrepräsentanten der Wirbelthiere. Hr. Fankhauser.

Geographie. 2 Stunden. Beschreibung der Schweiz (im Allgemeinen) und der einzelnen Kantone. Elemente der mathematischen Geographie. Hr. Em. Lüthi.

Geschichte. 2 Stunden. Allgemeine und vaterländische Geschichte von der Reformation bis zum westphälischen Frieden. Hr. Em. Lüthi.

Zeichnen. 2 Stunden. Perspektivlehre, perspektivische Darstellung geometrischer Flächen und Körper in verschiedenen Lagen zur Bildfläche, Erklärung der Beleuchtungserscheinungen, Schattirung der perspektivisch dargestellten Körper. Kopiren von Ornamenten in Kontouren und mit Schattengebung; Zeichnen nach ornamentalen Gypsmodellen. Hr. W. Benteli.
Singen. 1 Stunde. Fortsetzung und weitere Ausführung des vorjährigen Pensums. Hr. Munzinger.
Turnen. 2 Stunden. Ordnungsübungen: Reihungen von Reihen. Fortsetzung der Schwenkungen. — Freiübungen: Hockstand und Rumpfübungen in einer Schrittstellung. Verbindungen. — Gerätübungen: Verbindungen von Frei- und Stabübungen. Uebungen an den bereits genannten Geräten. — Bewegungsspiele. Hr. Hauswirth.

Parallelklasse B.

Religion. 1 Stunde. Lektur und Erklärung der Apostelgeschichte. Memoriren einer Anzahl Lieder aus dem Berner Kirchengesangbuch. Hr. Pfr. Thellung.
Latein. 7 Stunden. Wie in Klasse I A. Lektur: Nepos: Milt., Them., Arist., Paus., Cimon, Lys., Thrasyb., Conon, Iphicr., Chabr., Timoth., Epam., Pelop., Ages., Hamilc.. Hr. Edinger.
Deutsch. 4 Stunden. Grammatik: Lehre vom zusammengesetzten Satz. — Lektur: Edinger II. Epische und lyrische Gedichte. Memoriren der meisten derselben. Aufsätze meist historischen Inhalts. Hr. Frey.
Französisch. 4 Stunden. Repetition der Formenlehre. Die Anwendung des Subjonctif und die Regeln über das Participe présent und das Participe passé. «Cours élémentaire» von Miéville, 3. Teil, Nr. 32—90. Lesen und Uebersetzen von Stücken aus «Lectures graduées» von Miéville. Memoriren von Gedichten und Prosastücken. Diktirübungen. Hr. Niggli.
Arithmetik. 2 Stunden. Wie in Klasse I A. Hr. Zwicky.
Algebra. 3 Stunden. Wie in Klasse I A. Hr. Zwicky.
Geometrie. 2 Stunden. Wie in Klasse I A. Hr. Koch.
Naturgeschichte. 2 Stunden. Wie in Klasse I A. Hr. Fankhauser.
Geographie. 2 Stunden. Geographie der Schweiz. Hr. Wäber.
Geschichte. 2 Stunden. Wie in Klasse I A. Hr. Löscher.
Zeichnen. 2 Stunden. Kopiren von Ornamenten in Kontouren und Schattengebung. Ornamentzeichnen nach dem Gypsmodell. Hr. Volmar.
Gesang. 1 Stunde. Wie in Klasse I A. Hr. Munzinger
Turnen. 2 Stunden. Wie in Klasse I A. Hr. Hauswirth.

B. Handelsschule.

Klasse II.

Religion. 1 Stunde. Mit Klasse IV Real. Hr. Pfr. Thellung.

Deutsch. 4 Stunden. Repetition der Grammatik: Der zusammengesetzte Satz; die Periode. Die Elemente der Stilistik. Metrik. Einiges von den Figuren und Tropen. Lesen und Erklären ausgewählter prosaischer und poetischer Stücke aus Edinger II; Auswendiglernen solcher Stücke. Aufsätze beschreibenden Inhalts und Behandlung leichter Sprichwörter. Kleine freie Vorträge. Hr. Löhnert.

Französisch. 5 Stunden (Cours supérieur et Lectures graduées de Miéville). Syntaxe de l'article, du substantif, de l'adjectif, des pronoms personnels et possessifs. Traduction orale et par écrit des exercices correspondants. Lectures et récitations. Exercices de conversation. Hr. Miéville.

Englisch. 4 Stunden. Grammatik: Formenlehre nach «B. Schmitz», englisches Elementarbuch, Seite 1—70. Lektur: Lesebuch von Wershofen, Seite 1—60. Memoriren einiger Gedichte. Hr. Künzler.

Kaufmännische Arithmetik. 3 Stunden Repetition der Zinsrechnung. Die Prozentrechnung. Wechselreduktionen. Leichtere Waarenrechnungen. Hr. Lasche.

Kontorarbeiten. 2 Stunden. Unterricht und praktische Uebung in der kaufmännischen Korrespondenz und in anderen kontoristischen Arbeiten. Hr. Lasche.

Buchhaltung. 2 Stunden. Zweck und Wesen der kaufmännischen Buchhaltung. Einrichtung der Bücher. Bearbeitung eines fingirten zweimonatlichen Geschäftsganges sowohl nach der einfachen als auch nach der doppelten Buchhaltung. Hr. Lasche.

Handelskunde. 2 Stunden. Der Handel, seine Hilfsgewerbe und Förderungsmittel. Waare. Geld. Papiergeld. Wechsel. Staatspapiere. Aktien. Transportwesen. Assekuranzwesen. Bankwesen. Handelsgesellschaften etc. Hr. Lasche.

Geschichte. 1 Stunde. Ausgewählte Bilder der neueren Geschichte. Hr. Frey.

Mathematik. 2 Stunden.
  a. Algebra. 1 Stunde. Das Einfachste über Potenzen und Wurzeln. Leichtere Gleichungen des ersten Grades mit mehreren Unbekannten. Einfache Gleichungen des zweiten Grades.
  b. Geometrie. 1 Stunde. Schluß der Planimetrie: hauptsächlich Berechnung von Flächen. Elemente der Stereometrie, vorzugsweise Berechnungen von Oberfläche. Inhalt und Gewicht von Körpern. Hr. Zwicky.

Physik. 2 Stunden. Die wichtigsten und elementarsten Gesetze aus allen Gebieten der Physik. Hr. Ris.

Naturgeschichte. 2 Stunden. Im Sommer: Botanik. Das Aeußere der Blüthenpflanzen. Bestimmen von solchen. — Im Winter: Die Hauptkapitel aus der Lehre vom menschlichen Körper. Die Haupttypen der Säugetiere und Wirbellosen. Beschreibung der wichtigsten Mineralien. Hr. Faukhauser.

Kunstzeichnen. 2 Stunden. Perspektivische Darstellung von Gegenständen, wie Pfeiler, Nische, Kreuz etc., mit oder ohne Schattirung. Zeichnen nach Gypsornamenten. Hr. W. Benteli.

Schreiben. 2 Stunden. Uebung der bisher gelernten Schriftarten (deutsch, englisch und rund) in Nachahmung von Formularen kaufmännischen Inhalts. Hr. Robert.

Turnen. 2 Stunden. Mit Klasse IV Real. Wie Lit. IV. Hr. Hauswirth.

Klasse I.

Religion. 1 Stunde. Mit Klasse III Real. Hr. Pfr. Thellung.

Deutsch. 3 Stunden. Poetik. Lesen und Erklären von Beispielen zur Poetik aus Bächtold's Lesebuch, obere Stufe, verbunden damit Stücke aus der Literaturgeschichte. Freie Vorträge. Memoriren schwierigerer prosaischer und poetischer Stücke aus Bächtold. Aufsätze: Schilderungen und Abhandlungen. Hr. Löhnert.

Französisch. 3 Stunden. (Cours supérieur et Lectures graduées de Miéville). Syntaxe des pronoms, du verbe: Subjonctif, infinitif, participe présent et participe passé. Traduction orale et par écrit des exercices correspondants. Lectures, récitations et quelques petites compositions. Exercices de conversation. Hr. Miéville.

Englisch. 3 Stunden. Grammatik: Wiederholung und Fortsetzung von «English Repetitionel Grammar, Rauch». Lektur: The Settlers, by Marryat. Einige kaufmännische Briefe und kleinere Aufsätze. Konversation. Hr. Künzler.

Italienisch. 5 Stunden. Aussprache und Betonung. Grammatik nach «Mussafia, italienische Sprachlehre», mit besonderer Berücksichtigung der Verben und ihrer Ableitungen. Mündliche und schriftliche Uebersetzung der im Lehrbuche enthaltenen Uebungen. Lesen, Uebersetzen und teilweises Memoriren der im letzten Teil enthaltenen Prosastücke. Lesen und Uebersetzen mit mündlicher Reproduktion aus «Demattio, libro di lettura», I. Leichtere Aufsätze, namentlich Briefe. Konversationsübungen. Unterrichtssprache im zweiten Halbjahre italienisch. Hr. Niggli.

Kaufmännische Arithmetik. 3 Stunden. Konto-Korrente mit Zinsen nach den verschiedenen Methoden. Wechselreduktion mit Spesen. Arbitrage-Rechnungen. Waaren-Rechnungen. Staatspapier- und Aktien-Rechnungen. Hr. Lasche.

Buchhaltung. 2 Stunden. Bearbeitung eines fingirten zweimonatlichen Geschäftsganges einer Kollektivgesellschaft nach dem System der doppelten Buchhaltung. Hr. Lasche.

Handels- und Wechselgesetzgebung. 2 Stunden. Lesen und Erklären einzelner Abschnitte des neuen schweizerischen Bundesgesetzes über das Obligationenrecht, insbesondere des Wechselgesetzes (in Vergleichung mit dem deutschen und französischen Wechselgesetze). Hr. Lasche.

Handelsgeographie. 2 Stunden. Handels- und Industrieverhältnisse, Natur- und Kunstproduktion, Export und Import der Staaten Europa's und der kommerziell wichtigsten aussereuropäischen Länder. Hr. Lasche.

Handelsgeschichte. 1 Stunde. Geschichte des Handels bis Ende des vorigen Jahrhunderts. Hr. Frey.

Mathematik. 2 Stunden.
　　a. Algebra. 1 Stunde. Logarithmen; geometrische Reihen; Zinseszins- und Rentenrechnung.
　　b. Geometrie. 1 Stunde. Elemente der Trigonometrie, mit besonderer Berücksichtigung des rechtwinkligen Dreiecks. Hr. Zwicky.
Chemie. 2 Stunden. Elemente der Chemie. Hr. Wäber.
Waarenkunde. 2 Stunden. Allgemeine und spezielle Waarenkunde in summarischer Behandlung. Hr. Wäber.
Kunstzeichnen. 2 Stunden. Ornamente nach Gypsmodellen. Hr. W. Benteli.
Singen. 1 Stunde. Mit Real und Literar III, IV. Hr. Munzinger.
Turnen. 2 Stunden. Mit Real III und Literar III. cf. Lit. III. HH. Hauswirth und Guggisberg.

C. Realschule.

Klasse IV.

Religion. 1 Stunde. (Mit Klasse II der Handelsschule.) Bibelkunde (auf Grund eines Diktats). Hr. Pfr. Thellung.
Deutsch. 3 Stunden. Einleitung in die Stilistik. Metrik. Repetiton der Grammatik; Satzlehre, zusammengesetzter Satz; Periode. — Lesen und Erklären ausgewählter prosaischer und poetischer Stücke aus Edinger II. Memoriren prosaischer und poetischer Stücke. Mündliche Vorträge aus der Geschichte. Aufsätze beschreibenden Inhalts; Behandlung leichter Sprichwörter. Hr. Löhnert.
Französisch. 5 Stunden. Syntaxe de l'article, du substantif, de l'adjectif, des pronoms personnels, possessifs et démonstratifs. Traduction orale et par écrit des exercices correspondants. Lectures et récitations. Exercices de conversation. (Cours supérieur et Lectures graduées de Miéville.) Hr. Miéville.
Englisch. 3 Stunden. Grammatik: Formenlehre nach «B. Schmitz, englisches Elementarbuch», Seite 1—70. Lektüre: Lesebuch von Wershofen, Seite 1—50. Memoriren einiger Gedichte. Hr. Künzler.
Algebra. 3 Stunden. Potenz- und Wurzelrechnung. Gleichungen des ersten Grades mit mehreren Unbekannten. Gleichungen des zweiten Grades. Arithmetische Progressionen. Hr. Ribi.
Geometrie. 4 Stunden. Im Sommerhalbjahr: Wiederholung des ersten Kurses in der Planimetrie; Weiterführung und Abschluß der Planimetrie. — Im Winterhalbjahr: Stereometrie. — Uebungsaufgaben. Hr. Koch.
Physik. 2 Stunden. Einleitung in die Physik. Allgemeine Eigenschaften der Körper. Die einfachsten Gesetze aus der Hydrostatik und Aërostatik, über die Reflexion und Brechung des Lichts, Magnetismus, Reibungselektrizität und Galvanismus. Hr. Ris.

Naturgeschichte. 2 Stunden Im Sommer: Botanik. Organographie der Blüthenpflanzen. Bestimmen leichterer phanerogamischer Pflanzen nach Fischers Flora von Bern. Exkursionen. — Im Winter: Das Wichtigere aus der Lehre vom menschlichen Körper. Die Klassen der Wirbeltiere. Hr. Fankhauser.
Geschichte. 2 Stunden. Geschichte des 17. und 18. Jahrhunderts, von der englischen Revolution bis zu Friedrich's des Grossen Tod. — Stein, III. Teil. Hr. Löhnert.
Geographie. 2 Stunden. Physikalische und mathematische Geographie; Repetition; Uebungen im Lesen der Kurvenkarten und im Profilzeichnen nach denselben. Hr. Wäber.
Technisches Zeichnen. 4 Stunden. Geometrische Konstruktionen. Architektonische Bogen, Gesimsglieder, geometrische Ornamente. Lavirübungen, Parquetzeichnungen. Ornamente in Farbe mit Federzeichnungen. Hr. A Benteli.
Kunstzeichnen. 2 Stunden. Perspektivische Darstellung verschiedener Gegenstände, wie Sockel, Kranz, Pfeiler, Nische etc., mit oder ohne Schattirung. — Zeichnen nach ornamentalen Gypsmodellen. Hr. W. Benteli.
Singen. 1 Stunde. Mit H I, Real und Literar III, IV. Hr. Munzinger.
Turnen. 2 Stunden. Mit H II, cf. Lit. IV. Hr. Hauswirth.

Klasse III.

Religion. 1 Stunde. (Mit Klasse I der Handelsschule.) Geschichte der christlichen Kirche (auf Grund eines Diktats). Hr. Pfr. Thellung.
Deutsch. 3 Stunden. Stilistik, Metrik, Poetik. — Lesen und Erklären ausgewählter prosaischer und poetischer Stücke, besonders schwieriger Balladen. Memoriren solcher Stücke. Vorträge, besonders aus der Geschichte. Aufsätze: Schilderungen und Abhandlungen. Edinger II. Hr. Löhnert.
Französisch. 3 Stunden. (Cours supérieur et Lectures graduées de Miéville.) Syntaxe des pronoms et du verbe: Subjonctif, infinitif, participe présent et participe passé. Traduction orale et par écrit des exercices correspondants. Lectures, récitations et quelques petites compositions. Exercices de conversation. Hr. Miéville.
Englisch. 3 Stunden. Grammatik: «English Repet. Grammar» von Rauch. Lektüre: The Settlers, by Marryat. Kleinere Aufsätze. Conversation. Hr. Künzler.
Algebra. 3 Stunden. Logarithmen; geometrische Progressionen, Zinseszins- und Rentenrechnungen. Kombinationslehre. Der binomische Lehrsatz für positive ganze Exponenten. Elemente der Wahrscheinlichkeitsrechnung. Kettenbrüche und unbestimmte Gleichungen. Hr. Ribi.
Geometrie. 3 Stunden. Goniometrie; ebene und sphärische Trigonometrie. Wiederholung des Gesammtkurses. — Anleitung zum Gebrauch der logarithmisch-trigonometrischen Tafeln; Uebungen im Berechnen ebener und sphärischer Dreiecke; Anwendungen, namentlich auf mathematische Geographie. Hr. Koch.
Physik. 2 Stunden. Mechanik fester, flüssiger und gasförmiger Körper. Lösen von Rechnungsaufgaben. Hr. Ris.
Chemie. 3 Stunden. Einleitung; Chemie der Metalloïde; allgemeine Mineralogie. Hr. Wäber.

Naturgeschichte. 2 Stunden. Im Sommer: Botanik. Bestimmen schwierigerer Pflanzen nach Fischers Flora von Bern. Exkursionen. — Im Winter: Repetition der Anthropologie. Die Wirbeltiere, Mollusken, Gliedertiere und Würmer. Hr. Fankhauser.

Geschichte. 2 Stunden. Erstes Halbjahr: Geschichte der großen geographischen Entdeckungen. — Zweites Halbjahr: Geschichte der wichtigsten Erfindungen. Hr. Löhnert.

Darstellende Geometrie. 2 Stunden. Kurze Erklärung der verschiedenen Projektionsarten. Einläßliche Behandlung des orthogonalen Projektionssystems. Aufgaben über Punkte, gerade Linien und Ebenen. Veränderung der Projektionsebenen. Drehungen. Das Dreikant. Zahlreiche Uebungen bei sämmtlichen Aufgaben Hr. A. Benteli.

Praktische Geometrie. 1 Stunde. Besprechung kleinerer Horizontalaufnahmen mittelst Längenmeßapparaten. Kreuzscheibe, Winkelspiegel und Spiegelkreuz. Meßtischaufnahmen. Hr. A. Benteli.

Technisches Zeichnen. 3 Stunden. Projektives Zeichnen: Punkt und Gerade. Beleuchtungslehre. Tonskala. Würfel, Pyramide, Prisma, Kegel und Cylinder, leichtere Körperkombinationen. Die regulären Körper. Ebene Schnitte, Abwicklungen, leichte Durchdringungen. Parallelperspektive und isometrische Darstellung. Hr. A. Benteli.

Kunstzeichnen. 2 Stunden. Wie in Klasse IV, durchschnittlich auf etwas höherer Stufe. — Ein Schüler machte akademische Studien nach Gypsmodellen. Hr. W. Benteli.

Singen. 1 Stunde. Mit Real IV, Handelsschule I, Literar III, IV. Hr. Munzinger.

Turnen. 2 Stunden. Mit Handelsschule I, Literar III, cf. Lit. III. HH. Hauswirth und Guggisberg.

Klasse II.

Deutsch. 3 Stunden. Geschichte der deutschen Literatur von der ältesten Zeit bis zu den Klassikern. Lektüre: Das Waltharilied, das Nibelungenlied, Gudrun, Gedichte Walthers von der Vogelweide, Nathan, Minna von Barnhelm, Campagne in Frankreich und Belagerung von Mainz, Tell, Maria Stuart, Jungfrau von Orleans, Wallenstein (zum Theil häusliche Lektüre). Repetition der Poetik. Freie Vorträge aus dem Gebiete der Geschichte. Aufsätze: Inhaltsangaben und Abhandlungen. Memoriren klassischer Stücke, z. B. das Mährchen von den drei Ringen. — Ausgewählte Stücke aus Bächtold's Lesebuch, obere Stufe. Hr. Löhnert.

Französisch. 3 Stunden. Versification. Littérature jusqu'au commencement du 17ᵐᵉ siècle. Lecture du Cid de Corneille et de l'Iphigénie de Racine. Traductions orales et par écrit. Compositions, lectures et exercices de conversation. Hr. Miéville.

Englisch. 3 Stunden. Grammatik: Rauch, Repet. Grammar, fertig. — Lektüre: Aus «Herrig, British Classical Authors»: Defoe, Swift, Fielding, Marryat, Sterne, Smollet, Mackenzie, Byron, Sheridan, Shakespeare. Aufsätze im Anschluß an die Lektüre. Unterrichtssprache: Englisch. Hr. Künzler.

Algebra. 3 Stunden. Der binomische Lehrsatz und dessen Anwendung auf die Ausziehung höherer Wurzeln. Die Exponentialreihen; die logarithmischen und die einfacheren trigonometrischen Reihen. Die komplexen Größen. Differentialquotienten. Maxima und Minima. Hr. Ribi.

Geometrie. 2 Stunden. Analytische Geometrie der Ebene: Punkt und Gerade; Kreis. Koordinatentransformation. — Parabel, Ellipse und Hyperbel. Hr. Koch.

Darstellende Geometrie. Sommer 1 Stunde. Winter 3 Stunden. Fundamentalsätze der synthetischen Geometrie, Probleme über Kurven. Tangentialebenen an Strahlenflächen. Schnitte von Ebenen und Geraden mit Strahlenflächen und von Strahlenflächen unter sich. Hr. A. Benteli.

Praktische Geometrie. Sommer 3 Stunden. Winter 1 Stunde. — Im Sommer: Praktische Uebungen auf dem Felde. Visir- und Meßübungen. Distanzenschätzen. Skizzenaufnahmen nach Schrittmaß. Prüfung und Anwendung der Kreuzscheibe und des Winkelspiegels. Meßtischaufnahme über die Gegend beim Dalmazi-Inseli. Prüfung und Berichtigung des Theodolithen. Kleine Triangulation auf dem Viererfeld. Nivellement auf dem Kirchfeld. — Im Winter: Berechnung der Koordinaten der Triangulationspunkte. Ergänzungen. Vorträge der Schüler über die verschiedenen Instrumente und Meßverfahren. Hr. A. Benteli.

Mechanik 2 Stunden. Zusammensetzung der Kräfte. Kräftepaare. Schwerpunkt. Guldin'sche Regel. Stabilität. Die passiven Widerstände. Die einfachen Maschinen mit Rücksicht auf die passiven Widerstände. Prinzip der virtuellen Geschwindigkeiten. Anwendung des Seilpolygons auf die Zusammensetzung der Kräfte und Bestimmung der Schwerpunkte. Hr. A. Benteli.

Physik. 3 Stunden. Wellenlehre. Akustik. Optik. Repetition und Ergänzungen in den Gebieten der Elektrizität und des Galvanismus. Lösen von Rechnungsaufgaben. Hr. Ris.

Chemie. 2 Stunden. Chemie der Metalloïde; allgemeine Mineralogie. Hr. Wäber.

Naturgeschichte. 2 Stunden. Im Sommer: Die Klassen der kryptogamischen Pflanzen. Hauptsätze der Pflanzenphysiologie und Pflanzenanatomie. — Im Winter: Die Wirbellosen. Repetition der in Botanik und Zoologie behandelten Stoffe. Hr. Fankhauser.

Geschichte. 2 Stunden. Geschichte der neueren Zeit von der französischen Revolution an, mit besonderer Berücksichtigung der Schweizergeschichte. Stein III. Hr. Löhnert.

Technisches Zeichnen. 2 Stunden. Anwendungen der axonometrischen Projektionsarten. Griechische Baustyle. Lavirte Zeichnungen nach verschiedenartigen Modellen. Hr. A. Benteli.

Kunstzeichnen. 2 Stunden. Im Sommer landschaftliches Zeichnen nach der Natur. Zeichnen nach ornamentalen Gypsmodellen, akademische Studien, Zeichnen nach antiken Büsten. Hr. W. Beuteli.

Singen. 1 Stunde. Mit Real I, Literar I. II. Hr. Munzinger.

Turnen. 2 Stunden. Mit Real I. Literar I. II. III. HH. Hauswirth und Guggisberg.

Klasse I.

(Umfaßt nur das Sommerhalbjahr.)

Deutsch. 3 Stunden. Geschichte der deutschen Literatur: Klassiker und Romantiker. Lektur: Hermann und Dorothea, Iphigenia. Novellen der Romantiker und «Schulmeisterlein Wuz» von Jean Paul. Freie Vorträge aus dem Gebiete der Literaturgeschichte und den Fachstudien der Einzelnen. Stücke aus Bächtold's Lesebuch, obere Stufe. Hr. Löhnert.

Französisch. 3 Stunden. Traduction orale et par écrit de morceaux tirés d'auteurs allemands. Compositions et lectures dans Vinet. Histoire de la littérature française jusqu'au commencement du 18me siècle. Lectures indispensables pour la compréhension et l'appréciation des auteurs. Exercices de conversation. Hr. Miéville.
Algebra. 4 Stunden. Theorie der algebraischen Gleichungen; Gleichungen des 3. und 4. Grades; die angenäherte numerische Auflösung höherer Gleichungen nach verschiedenen Methoden, vorzüglich nach der Regula Falsi. Die einfachsten Sätze über Determinanten. Allgemeine Wiederholung. Hr. Ribi.
Geometrie. 4 Stunden. Weiterführung und Ergänzung der analytischen Geometrie der Ebene. — Elemente der analytischen Geometrie des Raumes: Coordinatensysteme. — Punkte, Ebenen und gerade Linien im Raume. — Allgemeine Wiederholung. Lösung zahlreicher Aufgaben. Hr. Koch.
Darstellende Geometrie. 2 Stunden. Tangentialebenen an Rotationsflächen. Schnitte der Rotationsflächen mit Ebenen, Geraden, Strahlenflächen und Rotationsflächen. Gesammtrepetition. Hr. A. Benteli.
Mechanik. 2 Stunden. Mathematische Bewegungslehre; einläßliche Behandlung der Wurfbewegung. Centralbewegung. Bewegung des materiellen Punktes. Mechanische Arbeit. Pendelbewegung. Gesammtrepetition. Hr. A. Benteli.
Physik. 3 Stunden. Wärmelehre. Repetitionen aus verschiedenen Gebieten der Physik. Hr. Ris.
Chemie. 5 Stunden. Chemie der Schwermetalle; Repetition des ganzen Pensums. Praktische Uebungen im Laboratorium. Hr. Wäber.
Technisches Zeichnen. 5 Stunden. Polarperspektive. Schattenkonstruktionen. Plan- und Kartenzeichnen. Hr. A. Benteli.
Kunstzeichnen. 2 Stunden. Wie in Klasse II, auf etwas höherer Stufe. Hr. W. Benteli.
Singen. 1 Stunde. Mit Real II und Literar I, II. Hr. Munzinger.
Turnen. 2 Stunden. Mit Real II und Literar I, II, III. Hauswirth und Guggisberg.

D. Literarschule.

Klasse IV.

Religion. 1 Stunde. Kirchengeschichte. Hr. Hegg.
Deutsch. 3 Stunden. Grundzüge der Stilistik und Metrik. Lektüre: Edinger II, Balladen und Romanzen, poetische Schilderungen und lyrische Gedichte. Beschreibende und historische Darstellungen und leichtere Abhandlungen. 10 Aufsätze: Schilderungen und leichte Abhandlungen. Mündliche Vorträge, meist biographischer Art. Memoriren prosaischer und poetischer Musterstücke. Schriftliche metrische Uebungen. Hr. Edinger.

Latein. 6 Stunden. Cæsar de bell. gall., lib. VI, VII. Ovids Metamorphosen, lib. I.
v. 1—451; VIII, 260—545, 611—884; IX, 1—272; XI, 1—193. — Uebersetzungen
aus Ostermanns Uebungsbuch für Tertia. Subitaneen. Versionen. Memoriren von
Vokabeln und von Abschnitten aus Ovid. Hr. Dübi.
Griechisch. 7 Stunden. Einübung der attischen Formenlehre bis und mit der ersten
Klasse der Verba auf $\mu\iota$; Grammatik von Curtius. Griechisches Elementarbuch von
Schenkl, Nr. 1—83. Uebersetzungen aus Schenkl. Subitaneen. Memoriren von
Vokabeln. Hr. Meyer.
Französisch. 3 Stunden. Répétition des verbes irréguliers. Syntaxe de l'article, du
substantif, de l'adjectif et des pronoms. Traductions orales et par écrit des exercices
correspondants. Dictées. Lectures et récitations. (Cours supérieur et Lectures
graduées de Miéville.) Hr. Robert.
Mathematik. 4 Stunden.
    a. Algebra. 2 Stunden. Potenzen und Wurzeln. Gleichungen des ersten Grades mit
mehreren Unbekannten. Gleichungen des zweiten Grades.
    b. Geometrie. 2 Stunden. Berechnung geradlinig begrenzter Figuren; Proportionalität
und Aehnlichkeit der Figuren; Rektifikation und Quadratur des Kreises. Stereometrie: Gerade und Ebenen im Raum; das Dreikant. Hr. Zwicky.
Geschichte. 2 Stunden. Geschichte von 1517—1740. Privatlektüre: Abschnitte aus
Schillers Abfall der Niederlande. Hr. Tobler.
Geographie. 1 Stunde. Geographie der alten Welt. Hr. Dübi.
Naturgeschichte. 2 Stunden. Im Sommer: Organographie der Phanerogamen. Bestimmen
von leichteren phanerogamischen Pflanzen nach Fischers Flora. Exkursionen. —
Im Winter: Die Lehre vom menschlichen Körper. Die Wirbeltiere, Gliedertiere
und Würmer. Hr. Faukhauser.
Zeichnen. 2 Stunden. Ornamente nach dem Gypsmodell, schattirt. Hr. Volmar.
Singen. 1 Stunde (komb. mit Tertia, Real III und IV). Munzinger, Chorgesang-Uebungen
Nr. 84—94, 119—125. Zweistimmige Lieder von Mendelssohn, Schumann, drei-
stimmige von Schäublin, Iphigenie auf Tauris. — Schriftlich: Tetrachord. Dur-
und moll-Tonleiter. Intervallenlehre. Dur- und moll-Dreiklang; Quart-Sext-Akkord.
Septimen-Akkord und dessen Auflösung. Modulation. Baß-Schlüssel. S. pag. 26.
Hr. Munzinger.
Turnen. 2 Stunden. Ordnungsübungen: Reihungen und Schwenkungen im Gehen. Mili-
tärische Uebungen — Freiübungen: Auslage- und Ausfallstellungen. Zusammen-
setzungen. — Gerätübungen. Schwierigere Verbindungen von Frei- und Stabübungen. Springel, Schrägbrett, Leiter, Klettergerüst, Reck, Barren, Bock, Stemmbalken (Pferd). Hr. Hauswirth.

Klasse III A.

Religion. 1 Stunde. Bibelkunde des alten Testamentes mit Lektüre ausgewählter
Abschnitte. Hr. Hegg.
Deutsch. 3 Stunden. Lektüre prosaischer und poetischer Stücke aus Bächtold's Lese-
buch; Stilistik und Metrik; Figuren und Tropen. Hermann und Dorothea, Tell.
Schiller's Antrittsrede, Schiller's Balladen, Cid, Minna von Barnhelm. Privatlektüre:
Michel Kohlhaas, Lichtenstein.

Aufsätze: 1) Wie ließe sich das Gedicht von Th. Storm: «Abseits», malen? 2) Erfindung einer Geschichte nach einem gegebenen Thema. 3) Das Städtchen in Hermann und Dorothea. 4) Die gute Sache stärkt den schwachen Arm. 5) Ein Spaziergang im Herbst. 6) In welcher Weise hat Schiller die in Herodot III, 39—44. enthaltene Erzählung im «Ring des Polykrates» verändert? 7) Am Sonnabend. 8) Wer an den Weg baut, hat viele Meister. 9) Die Fabel von Minna von Barnhelm. 10) Klug, weise, gelehrig, gelehrt. Hr. Tobler.

Latein. 6 Stunden. Lektüre: Livius, lib. II; V angefangen. Vergil Aen., lib. I, II. Privatlektüre: ein Buch Curtius (lib. III oder IV) oder ein Buch Cäsar (b. g. lib. VI). — Fortsetzung und Abschluß der lat. Syntax nach Ellendt-Seyffert (§§ 283—350) und Repetition der wichtigsten Abschnitte. Mündliche und schriftliche Uebersetzungen aus Ostermann (Uebungsbuch für Tertia). Subitaneen. Versionen. Memoriren von Abschnitten aus Vergil. Hr. Meyer.

Griechisch. 7 Stunden. Xenophon. Anabasis. lib. I, II, III (zum Teil). Homer, Odyssee, lib. IX, X (zum Teil). Grammatik: Formenlehre nach Koch von den Verben auf μ an und Repetition der gesammten Formenlehre. Syntax nach Mayer, §§ 1—20 (Congruenz, Numerus, Artikel und Pronomina). Vocabeln aus Xenophon und Homer. Memoriren aus Homer. Hr. Dübi.

Französisch. 3 Stunden. Répétition de la syntaxe des pronoms et du verbe: Accord du verbe avec son sujet, du régime, du subjonctif et des participes. Traduction orale et par écrit des exercices correspondants. Exercices de composition. Dictées. Lectures et récitations (chrestomathie de Vinet I et cours supérieur de Miéville). Hr. Robert.

Englisch (fakultativ). 2 Stunden (komb. mit III B).
Grammatik. Formenlehre nach «B. Schmitz» (Seite 1—70).
Lektüre. The Settlers by Marryat. Memoriren einiger Gedichte. Hr. Künzler.

Mathematik. 5 Stunden. Repetition wichtiger Abschnitte des Pensums des Progymnasiums. Logarithmen. Progressionen. Zinseszinsrechnungen. Ebene Trigonometrie. Hr. Schönholzer.

Geschichte. 3 Stunden. Geschichte des Altertums bis 31 v. Chr. Lehrmittel: David Müller, 1. Teil. Hr. Tobler.

Naturgeschichte. 2 Stunden. Im Sommer: Botanik: Die kryptogamischen Pflanzen. Die Hauptsätze der Pflanzenphysiologie und Anatomie. — Im Winter: Zoologie: Die Wirbellosen. Hr. Fankhauser.

Zeichnen. 2 Stunden. Wie in Quarta. Hr. Volmar.

Singen. 1 Stunde. Wie in Quarta. Hr. Munzinger.

Turnen. 2 Stunden (komb. mit Real III und Handel I). Schwierigere Verbindungen von Frei- und Stabübungen und namentlich Gerätturnen (Reck, Pferd, Stemmbalken, Sprungkasten, Barren, Springel, Klettergerüst mit Leitern). Hr. Hauswirth.

Klasse III B.

Religion. 1 Stunde. Bibelkunde (auf Grund eines Diktats). Hr. Pfr. Thellung.

Deutsch. 3 Stunden. Stilistik und Metrik. Lektüre aus Edinger II und Bächtold II: außerdem Hermann und Dorothea, Minna von Barnhelm und W. Tell. Mündliche Vorträge meist biographischer Art.

Aufsätze: 1) Inwiefern trägt ein Fluss zur Verschönerung einer Landschaft bei?
2) Der junge Ordensritter im Kampf mit dem Drachen. 3) und 4) Zwei Chrien
über Sentenzen aus W. Tell. 5) Das Besitztum des Löwenwirts in Hermann und
Dorothea. 6) Geschichte eines Bernsteinstückes. 7) Die 25 ersten Jahre der
römischen Republik, nach Livius. 8) Der Wachtmeister Werner in Minna v. Barnhelm. 9) Verteidigung W. Tells gegen L. Börne. — Memoriren einzelner Gedichte
und der 3 ersten Akte von Minna von Barnhelm. Hr. E d i n g e r.

L a t e i n. 6 Stunden. Repetition und Fortsetzung der Syntax, nach Ellendt-Seiffert. Mündliche und schriftliche Uebersetzungen aus Ostermann für Tertia. Versionen. Lektüre:
Livius II, aus III die Episoden der Virginia, XXI, 1—30. Vergil II und IX. Privatlektüre: Curt. Ruf. oder Cic. Lael. oder Orat. in Catil. I. Hr. E d i n g e r.

G r i e c h i s c h. 6 Stunden. Xenophon, Anabasis I und IV; Odyssee XX und XXI (teilweise). Verba auf μι und Repetition der Formenlehre. Syntax, nach Mayer.
Uebersetzung (mündlich und schriftlich) aus Wesener's Uebungsbuch; wöchentlich
ein Subitaneum; Vokabeln aus Wesener, Xenophon und Homer gelernt und Verse
aus Homer. Hr. F r e y.

F r a n z ö s i s c h. 3 Stunden. Répétition de la syntaxe des pronoms et du verbe; Accord
du verbe avec son sujet, du régime, du subjonctif et des participes. Traduction
orale et par écrit des exercices correspondants. Dictées. Lectures et récitations.
Exercices de composition. Règles principales de l'orthographe usuelle (chrestomathie
de Vinet I et cours supérieur de Miéville). Hr. R o b e r t.

E n g l i s c h (fakultativ). S. Klasse III A. Hr. K ü n z l e r.

M a t h e m a t i k. 5 Stunden.
a. A l g e b r a. 2 Stunden. Logarithmen, Progressionen. Repetition früherer Pensen.
Herr L a n g h a n s.
b. G e o m e t r i e. 3 Stunden. Stereometrie; Polyeder; Cylinder, Kegel und Kugel;
Oberflächen- und Inhaltsberechnung der Körper. Ebene Trigonometrie. Hr. R i b i.

G e s c h i c h t e. 3 Stunden. Geschichte des Altertums bis 476 n. Chr. Lehrmittel. David
Müller, I. Teil. Hr. F r e y.

N a t u r g e s c h i c h t e. 2 Stunden. Wie III A. Hr. F a n k h a u s e r.

Z e i c h n e n. 2 Stunden. Ornamente und Köpfe in Relief nach Gypsmodellen. Versuche
im Landschaftszeichnen. Hr. W. B e n t e l i.

S i n g e n. 1 Stunde. Wie in Quarta. Hr. M u n z i n g e r.

T u r n e n. 2 Stunden. Wie III A. Hr. W i d m e r.

Klasse II.

R e l i g i o n. 1 Stunde. Bibelkunde des neuen Testaments mit Lektüre ausgewählter
Abschnitte. Hr. H e g g.

D e u t s c h. 3 Stunden.
a. Mittelhochdeutsch-Semester. Elemente der mittelhochdeutschen Grammatik, Abschnitte aus den Nibelungen, Sprüche und Lieder Walter's von der
Vogelweide. Privatlektüre: Vier Aventiuren aus den Nibelungen.

b. **Lessing-Semester.** Ausgewählte Oden Klopstock's; Emilia Galotti, Laokoon I—XXV, Abschnitte aus der Dramaturgie. Literaturgeschichte, I. Teil. Privatlektüre: Minna von Barnhelm, Nathan.

Aufsätze. 1) Wie ist die Metapher: «Die Natur erwacht im Frühling», zu begründen? 2) Umarbeitung der dritten Aventiure der Nibelungen in mittelhochdeutsche Prosa. 3) Siegfried, als Vorbild des deutschen Mannes. 4) Disposition der 19. Rede des Lysias. 5) Vor Jedem steht ein Bild deß, was er werden soll; so lang er das nicht ist, ist nicht sein Friede voll. 6) Das Frischgewagte gerät nur! 7) Kann der Wieland'sche Satz: «Ein Wahn, der mich beglückt, ist eine Wahrheit wert, die mich zu Boden drückt» allgemeine Gültigkeit beanspruchen? 8) Wie sucht Lessing das Nichtschreien des Laokoon der Statue einerseits, und anderseits das Schreien des Vergilischen Laokoon und des Sophokleischen Philoktet zu rechtfertigen? 9) Wie malt Schiller in seinen Balladen schöne und häßliche Körper? Hr. Tobler.

Latein. 6 Stunden. Cicero. Reden gegen Catilina (IV als Hauslektüre). Sallust, de coniurat. Catil. Horaz, 40 Oden, 15 memorirt, ebenso die erste Rede gegen Catil. Repetition der Syntax. Mündliche und schriftliche Uebersetzungen ins Lateinische, erstere meist aus Süpfle, II. Teil, letztere im Anschluß an Gelesenes. Hr. Hitzig.

Griechisch. 7 Stunden. Lektüre: Lysias, Rede VII, XIII, XIX, XXIV, XXX; als Privatlektüre: XXII, XXV. Herodot, lib. VII (teilweise). Homers Ilias, lib. IV, VII, XII, XV (390 bis Schluß), XVI; als Privatlektüre: lib. VIII. — Syntax nach K. Mayer (Attische Syntax), mit bezüglichen mündlichen und schriftlichen Uebungen. Memoriren von Abschnitten aus Homer. Hr. Meyer.

Französisch. 3 Stunden. Lecture et traduction de poésies de Victor Hugo (ed. Kühne) et de morceaux en prose et en vers de la chrestomathie de Vinet (vol. III). Eléments de la versification française. Ploetz (Schulgrammatik), § 58—78 (fin.); Répétition de § 1—57. Thèmes, dictées Récitations de poésies apprises par cœur. Hr. Morf.

Englisch (fakultativ). 2 Stunden.
  Grammatik. «Rauch, Repetitional Grammar.»
  Lektüre. «Herrig, British Classical Authors»: Bulwer, Edgeworth, Scott, Dickens.
  Konversation. Hr. Künzler.

Hebräisch (fakultativ). 3 Stunden. Im Uebungsbuch von Kautzsch, Uebung 1—48 mit den entsprechenden Abschnitten der Grammatik von Gesenius-Kautzsch. Hr. Oettli.

Mathematik. 4 Stunden. Kombinationslehre. Binomischer Lehrsatz. Einführung der komplexen Größen. Reihen. Gleichungen des dritten Grades. Sphärische Trigonometrie. Mathematische Geographie. Hr. Schönholzer.

Physik. 2 Stunden. Mechanik fester, flüssiger und gasförmiger Körper. Wirkungen der Molekularkräfte auf feste und flüssige Körper. Hr. Ris.

Chemie. 2 Stunden. Einleitung. Chemie der Metalloïde. Allgemeine Mineralogie. Hr. Wäber.

Geschichte. 3 Stunden. Geschichte des Mittelalters. Schweizergeschichte bis zum Abschluß der Eidgenossenschaft der 13 alten Orte. Lehrmittel: Stein, II. Teil. Hr. Tobler.

Zeichnen (fakultativ). Zwei Stunden mit Klasse III und I. Hr. Volmar.

Singen. 1 Stunde (kombinirt mit Prima und Real I und II). Munzinger: Chorgesang-Uebungen, Nr. 25—75, 130. Einstimmige Lieder mit Klavier von Mendelssohn, Schubert, Beethoven. Gluck: Iphigenie auf Tauris. Jannequin: Die Schlacht bei Murten. Heim: Gemischte Chöre, s. pag. 26. Hr. Munzinger.

Turnen. 2 Stunden (kombinirt mit Literar I, Real II und I), s. Tertia. Neben schwierigeren Uebungen an sämmtlichen Geräten auch Säbelfechten. Hr. Hauswirth.

Klasse I.

Religion. 1 Stunde. Allgemeine Religionsgeschichte. Hr. Hegg.

Deutsch. 3 Stunden.
  a. Göthe-Semester: Egmont, Iphigenie, Tasso, Hermann und Dorothea, Auswahl aus Göthe's Gedichten, Aristoteles Poetik, I—XX. Privatlektüre: Zwillinge von Klinger, Julius von Tarent, Götz von Berlichingen.
  b. Schiller-Semester: Wallenstein, Maria Stuart, Braut von Messina, Auswahl aus dem Schiller-Göthe-Briefwechsel (Ausgabe Spemann). Literaturgeschichte, II. Teil.
  Aufsätze: 1) Cid und Götz von Berlichingen. Eine Parallele. 2) Charakteristik Egmont's aus den beiden ersten Szenen des ersten Aktes. 3) Das niederländische Volk in Göthe's Egmont. 4) Die Welt als Bildungsstätte des Mannes nach Tasso I, 2. 5) Disposition der sechsten Satire des zweiten Buches von Horaz. 6) Begründung der Aristotelischen Definition der Tragödie (Arist. Poetik, VI). 7) Stadtleben oder Landleben? Kritik der sechsten Satire des zweiten Buches von Horaz. 8) Zwei deutsche Wachtmeister (nach Minna von Barnhelm und Wallensteins Lager).

Latein. 6 Stunden. Cicero gegen Verres lib. V (de suppliciis). Catilin, IV (privatim). Horaz Satiren, lib. 1. 7. 9; lib. II, 1. 2. 3. 4. 5. 6. 8. Auswahl aus Catull, Tibull und Properz. Uebungsstücke aus Süpfle, mündlich und schriftlich. Versionen aus Cicero. Grammatikalische Repetitionen nach Ellendt-Seyffert. Themata, Subitanea. Hr. Dübi.

Griechisch. 7 Stunden. Plato, Krito und Stücke aus Phädon. Thukydides VIII. Demosthenes, erste Rede gegen Philippos. — Homer, Ilias, X. XI. XIV—XVI. XXII. Anthologie griechischer Lyriker von Stoll (Kallinos, Archilochos, Mimnermos, Solon, Xenophanes, Simonides). Euripides, Bacchen. — Ohne vorhergehende Vorbereitung wurde in einer wöchentlichen Stunde gelesen in Arrian, Buch III (teilweise), Herodot, Buch VIII (teilweise) und Homer Ilias IV. — Repetition der gesammten Syntax. Exercitien im Anschluß an die Lektüre. — Aus den Lyrikern und den Bacchen des Euripides wurde Einiges memorirt. Uebersicht über die Geschichte der griechischen Philosophie. Hr. Hitzig.

Von Tertia an werden die Schüler zur Privatlektüre lateinischer und griechischer Klassiker angehalten.

Französisch. 3 Stunden. Lecture et traduction des Femmes savantes de Molière et de morceaux en prose et en vers de la Chrestomathie de Vinet (vol. III). Traduction der «Grundzüge der französischen Literaturgeschichte» de Breitinger (pages 24—76). Répétition de la grammaire. Thèmes, compositions, dictées. Hr. Morf.

Englisch (fakultativ). 2 Stunden. Lektüre: Nach «Herrig, British Classical Authors», Bulwer, Pitt, Macaulay, Sheridan, Shakespeare. Kleinere Aufsätze und Memoriren von Gedichten. Unterrichtssprache: Englisch. Hr. Künzler.

Hebräisch (fakultativ). 2 Stunden. Das Pensum der Secunda repetirt und in Kautzsch, Uebungsbuch, Stück 49—69 durchgenommen. Hr. Oettli.
Mathematik. 4 Stunden. Analytische Behandlung der Kegelschnitte. Elemente der Differentialrechnung. Hr. Schönholzer.
Physik. 2 Stunden. Akustik, Optik. Magnetismus und Electrizität. Hr. Ris.
Chemie. 2 Stunden. Chemie der Metalle. Hr. Wäber.
Geschichte. 2 Stunden. Allgemeine Geschichte von dem Reformationszeitalter bis 1795. Lehrmittel: Stein. III. Teil. Hr. Tobler.
Zeichnen (fakultativ). 2 Stunden. Mit Klasse II und III. Hr. Volmar.
Singen. 1 Stunde. s. Secunda.
    Die Progymnasialklassen III, II, I, A und B und die Klassen der obern Abteilungen bildeten eine Chorklasse, in welcher Lieder für gemischten Chor aus der Sammlung von J. Heim, ferner Gluck: Iphigenie auf Tauris, Jannequin: die Schlacht bei Murten gesungen wurden. 1 Stunde. Hr. Munzinger.
Turnen. 2 Stunden. Kombinirt mit Literar II, Real I und II. Wie Lit. II. Hr. Hauswirth.

Ober-Prima.

(Umfaßt nur das Sommerhalbjahr.)

Deutsch. 3 Stunden.
    Shakespeare-Semester: Julius Cäsar, Macbeth, Richard III. Repetition der Literaturgeschichte.
    Aufsätze: 1) Was ist Glück? Erklärung der Definition des Aristoteles in der Nikomachischen Ethik I, 10. 2) Parallele Shakespear'scher und Schiller'scher Frauengestalten: Portia (Cäsar II, 1). Lady Macbeth (I, 7). Gräfin Terzky (Wallensteins Tod I, 7), Gertrud (Tell I, 2). 3) Inhaltsangabe von König Oedipus, mit besonderer Berücksichtigung der Schicksalsidee.
Latein. 6 Stunden. Cicero, Rede für Murena. § 1—57. Tacit. II, 33—88. III. Horaz. Episteln I, 1—10. Syntaktisch-stilistische Uebungen, mündlich und schriftlich, aus Süpfle's Aufgaben, Teil II. Hr. Pfauder, von Mitte Mai an: Hr. Hitzig.
Griechisch. 6 Stunden. Demosthenes. I—III olynthische Rede. Thukydides. VII. Aristoteles Politik. II. 6—8; VII, 3; VIII, 1 und 2. Aeschylos, Perser. Hr. Hitzig.
Französisch. 1 Stunde. Lecture et traduction des Précieuses ridicules de Molière. Répétition de l'histoire littéraire d'après Breitinger « Grundzüge ». Thèmes et compositions. Hr. Morf.
Hebräisch (fakultativ) 2 Stunden. In Metzger's Uebungsbuch wurden durchgenommen S. 101—153. 5, 1. Die Uebungsstücke wurden zum Teil geschrieben. Hr. Knaus.
Mathematik. 4 Stunden. Repetition des Pensums der Secunda und Prima. Hr. Schönholzer.
Physik. 2 Stunden. Wärmelehre. Repetition des früheren Pensums. Hr. Ris.
Chemie. 2 Stunden. Grundzüge der organischen Chemie. Repetition. Hr. Wäber.
Geschichte. 2 Stunden. Repetition der Geschichte des Altertums und des Mittelalters. Hr. Tobler.

Schwimmunterricht.

Der Schwimmunterricht wurde am 1. Juni begonnen und bis in den September hinein fortgesetzt. — Täglich von 11—12 Uhr übten sich die Schüler (126 in 4 Klassen) unter der Leitung und Aufsicht des Schwimmlehrers, Herrn Wenger, der von 3 Hülfslehrern, den Herren stud. Kummer, Merz und Schön, unterstützt wurde.

III. Beiträge zur Schulchronik.

Mittwoch 20. September 1882 starb der Vorsteher des bernischen Erziehungswesens, Herr Regierungsrat Bitzius. Seine rastlose Tätigkeit, seine Verdienste um die Hebung des Unterrichtswesens, seine Liebe zur Jugend und zu ihren Lehrern wird nie vergessen werden und auch unsere Anstalt wird ihm ein freundliches Andenken bewahren. — Herr Regierungsrat Gobat übernahm das Erziehungsdepartement.

Im verflossenen Schuljahre trat aus der Schulkommission: Herr Prof. Dr. König. An seine Stelle wurde vom Tit. Gemeinderat gewählt: Herr Dr. Emil Blösch, Oberbibliothekar.

Freitag 3. November 1882 starb an einem Herzschlage Herr J. J. Brügger-Lutstorf, Sekretär und Kassier der Schulkommission, welcher von 1869—1880 Sekretär der Realschuldirektion gewesen und bei der Reorganisation des städtischen Schulwesens 1880 in gleicher Eigenschaft an das städtische Gymnasium übergegangen war. Der Gemeinderat wählte an seiner Stelle Herrn G. Gerster, Sachwalter, zum Sekretär und Kassier.

Auch aus dem Lehrerkollegium wurde im Berichtsjahre ein Mitglied durch den Tod abberufen:

Am 21. Juni starb in Thun an einem Hirnschlag, 45 Jahre alt, Herr Eduard Pfander von Bern, Lehrer des Lateinischen und Griechischen an der Literarschule. Nach Mitte Mai hatte derselbe Urlaub genommen, um durch eine mehrwöchentliche Ruhe seine angegriffene Gesundheit wieder herzustellen. Leider sollten die Hoffnungen, welche durch die anfänglich günstig lautenden Berichte geweckt wurden, nicht in Erfüllung gehen. — Eduard Pfander war, nachdem er in Bern und Bonn Philologie studirt hatte, seit dem Jahre 1866 im Schuldienst seiner Vaterstadt tätig, zuerst an der Kantonsschule, dann seit Eröffnung des städtischen Gymnasiums an diesem. In den sechszehn Jahren seiner öffentlichen Wirksamkeit hat er sich als einen Mann von vielen Kenntnissen und großer Pflichttreue gezeigt; er war eine bedächtige Natur, nicht darauf angelegt, zu blenden, wohl aber angetan, in die Tiefe zu dringen und den Schülern ein gründliches Wissen beizubringen. Er ruhe sanft!

An seine Stelle wurde, nachdem im ersten Vierteljahr Herr stud. phil. D i c k , im zweiten Herr stud. phil. et theol. J ö r g in III A und IV den griechischen Unterricht aushülfsweise besorgt hatten, von der Schulkommission gewählt: Herr Dr. Paul M e y e r von Zürich; demselben wurde der Unterricht im Griechischen in IV und II und im Lateinischen in III A übertragen, während Herr Dr. D ü b i denjenigen im Lateinischen und in alter Geographie in IV behielt, dagegen neu dazu bekam das Griechische in III A und das Lateinische in I und O.-Prima. Herr Prof. H i t z i g endlich übernahm den Unterricht im Lateinischen in II und behielt denjenigen im Griechischen in I und O.-Prima.

In der O.-Prima wurde eine Stunde Deutsch und eine Stunde Geschichte zugesetzt.

Im Hebräischen konnte Herr Prof. O e t t l i von Anfang des Schuljahres an die Secunda und vom zweiten Vierteljahr an auch die Prima wieder übernehmen; bis zu den Sommerferien wurde diese und bis zum Maturitätsexamen die O.-Prima von Herrn Prof. Knaus unterrichtet.

Aus dem Schülerkreise verloren wir durch den Tod J o h a n n B ü h l m a n n , Schüler der Klasse IV B und P h i l i p p C h a p p u i s , Schüler der Klasse IV A Progymnasii. — B ü h l m a n n starb den 2. September 1882 an den Folgen eines Typhus und einer Gehirnentzündung, C h a p p u i s am 1. März 1883 in Folge einer Perityphlitis. Wir betrauern in ihnen zwei fleißige und gesittete Knaben, welche zu schönen Hoffnungen berechtigten.

Im Uebrigen war der Gesundheitszustand bei Lehrern und Schülern ein befriedigender. Im Laufe des Novembers führten die Schüler der Oberprima, der Prima und der Secunda im Stadttheater die Tragödie von Sophokles: «Oedipus rex» auf, und zwar im g r i e c h i s c h e n Urtexte. Während anfänglich nur beabsichtigt worden war, einige Scenen in der Aula vortragen zu lassen, wuchs die Aufführung während des Studiums immer mehr heran, die Chöre wurden in Musik gesetzt, die Notwendigkeit der eigentlichen Inscenirung und Kostümirung trat immer mehr hervor, und so wurde nach Ueberwindung aller Schwierigkeiten das ganze Werk in bühnengerechter Ausstattung Dienstag 21. und Samstag 25. November, beide Male bei ausverkauftem Hause, zur Darstellung gebracht. Nach allgemeinem Urteile war die Aufführung eine gelungene; einzelne Rollen wurden sogar ausgezeichnet gegeben.

Wenn auch vielleicht in den allerletzten Tagen vor der Aufführung die Aufmerksamkeit der Mitwirkenden etwas von der gewöhnlichen Schularbeit abgelenkt wurde, so war doch der Gewinn für die Schüler unendlich größer, indem sie durch das eingehende Studium dieses großartigen Werkes nicht nur ihre positiven Kenntnisse im Griechischen bereicherten, sondern so recht eigentlich in den Geist des klassischen Altertums eingeführt wurden.

Der Reinertrag dieser Aufführungen wurde von den Mitwirkenden zu einem Geschenke für das städtische Gymnasium, resp. für eine Statue zur Ausschmückung der neuen Aula bestimmt.

An der **Literarschule** bestanden am Ende des Sommersemesters 1882 die Maturitätsprüfung (Note I = sehr gut, II = gut, III = befriedigend):

1. Blattner, Rudolf, von Küttigen, III. studirt Theologie in Bern.
2. Dick, Paul, von Großaffoltern, III. ebenso.
3. Hadorn, Adolf, von Toffen bei Belp, II. ebenso.
4. Hilty, Edgar, von Chur, I. studirt Jurisprudenz in Lausanne.
5. Nippold, Ottfried, von Emmerich, II. ebenso in Halle.
6. Pfotenhauer, Max, von Bern, II. studirt Medizin in Bern.
7. Seiler, Emil, von Leimiswyl, III. studirt Jurisprudenz in Bern.
8. Streit, Benedikt, von Belp, I. studirt Medizin in Bern.

Aus Klasse I der **Realschule** traten am Ende des Sommersemesters nach bestandener Maturitätsprüfung:
1. Hosler, Emil, von Aarau, II, trat in die Uhrmacherschule in Biel.
2. Matthys, Theodor, von Rütschelen, II, ging an das eidg. Polytechnikum in Zürich.
3. Ruprecht, Eduard, von Laupen, II, ebenso.
4. v. Steiger, William, von Bern, III, ebenso.
5. Thierstein, Emil, von Höchstetten, II, ebenso.
6. Vetsch, Hans, von Grabs (St. Gallen), III, trat in ein Baubüreau in Genf.
7. Volz, Georg, von Bern, II, ging an das eidg. Polytechnikum in Zürich.

Aus der **Handelsschule** traten am Ende des vorigen und im Laufe des gegenwärtigen Schuljahres:
1. Aegerter, Arnold, von Oberwyl (trat in den Dienst der Jura-Bern-Luzern-Bahn).
2. Brand, Rudolf, von Ursenbach (in ein Bankgeschäft in Bern).
3. Cuenin, Louis, von Kirchberg (in ein Handelshaus in Pruntrut).
4. Emch, Oskar, von Lüterswyl (in eine Pension der französischen Schweiz).
5. Gascard, Wilhelm, von Neuenstadt (in ein Bankgeschäft in Bern).
6. Imboden, Walter, von Bern (in ein Bankgeschäft in Bern).
7. Klaus, Emil, von Erlach (in ein Bankgeschäft in Bern).
8. Kriegel, Louis, von Locle (in ein Handelshaus in England).
9. Merz, Emanuel, von Bern (in ein Notariatsbüreau in Bern).
10. Münger, Alfred, von Bern (in ein Handelshaus in Neuenburg).
11. Noverraz, François, von Genf (in ein Handelshaus in Genf).
12. Oesterle, Otto, von Bern (in ein Handelshaus in Genf).
13. Porret, Ernst, von Fresens (in ein Handelshaus in Neuenburg).
14. Regli, Hans, von Unterhallau (in ein Hotel in Genf).
15. Schmidt, Albert, von Bern (in eine Pension der französischen Schweiz).
16. Sommer, Moritz, von Belfort (in ein Handelshaus in Bern).
17. Streit, Alfred, von Zimmerwald (in ein Notariatsbüreau in Pruntrut).
18. Studler, Rudolf, von Seengen (in den eidgenössischen Postdienst).
19. Teuscher, Wilhelm, von Därstetten (in eine Pension der französischen Schweiz).
20. Tschanz, Arnold, von Sigriswyl (in ein Handelsgeschäft in Bern).

Reisen.

Während der Sommerferien wurden folgende Schülerreisen ausgeführt:

a. 12 tägige Reisen.

Sektion 1. Zwei Schüler aus der Oberprima, 3 Schüler aus Klasse I und 5 aus Klasse II der Literarschule unter Leitung der Herren Langhans und Lüscher.
1. Tag. Per Bahn nach Luzern und per Dampfschiff nach Brunnen. Zu Fuß über Schwyz (Besichtigung der Kirche und des ehemaligen Jesuitenkollegiums) nach Muottatal. 2. Tag. Zu Fuß über den Pragel nach Netstall und per Bahn nach Weesen. 3. Tag. Zu Fuß über den Amdenberg nach Unterwasser im Toggenburg. 4. Tag. Zu Fuß auf den Säntis (prächtige Aussicht). 5. Tag. Zu Fuß über die Meglis- und Seealp zum Wildkirchli

und über Appenzell nach Gais. 6. Tag. Zu Fuß über den Fähnern und die Kamoralp auf den Hohenkasten und hinab nach Rütti im Rheintal. Per Wagen nach Feldkirch und per Bahn nach Bludenz. 7. Tag. Wegen schlimmer Witterungsberichte musste auf die Besteigung der Scesaplana verzichtet werden, deshalb zu Fuß durch das Montafun nach Valcalda im Gargellentale. 8. Tag. Zu Fuß über das Schlappinerjoch nach Klosters und Davosdörfli und -platz. 9. Tag. Zu Fuß über den Strelapaß durch das Schanfigg nach Chur. 10. Tag. Besichtigung von Chur. Per Bahn nach Mels und zu Fuß nach Weißtannen. 11. Tag. Zu Fuß über den Risetenpaß nach Matt. Besichtigung des Bergsturzes in Elm. Per Leiterwagen nach Schwanden und per Bahn nach Glarus. 12. Tag. Per Bahn nach Zürich (Wanderung durch die Stadt, Besichtigung des Polytechnikums) und nach Bern.

Sektion II. 7 Schüler der II. Literarklasse und 3 Schüler der II. Realklasse unter Leitung der Herren Zwicky und Guggisberg.

1. Tag. Per Bahn nach Luzern, von dort per Dampfschiff nach Brunnen. Zu Fuß die Axenstrasse. Besuch der Tellskapelle. Von Flüelen per Bahn bis Amsteg. 2. Tag. Von Amsteg zu Fuß bis Gurtnellen. Per Bahn durch den Gotthardtunnel nach Airolo. Zu Fuß nach Piora. 3. Tag. Von Piora zu Fuß über den Comopaß nach Dissentis. Besuch des Klosters. 4. Tag. Per Fuhrwerk nach Ilanz und zu Fuß nach Vals. 5. Tag. Zu Fuß über den Valser Berg nach Hinterrhein und Splügen. 6. Tag. Zu Fuß über den Splügen nach Chiavenna und Soglio. 7. Tag. Zu Fuß über den Maloja nach Silvaplana, St. Moritz, Pontresina. 8. Tag. Bei prachtvollem Wetter: Diavolezzatour (Morteratschgletscher, Berninahäuser, zurück nach Pontresina). 9. Tag. Zu Fuß nach Samaden, Ponte, über den Albulapaß nach Bergün. 10. Tag. Zu Fuß nach Filisur und Davosplatz. 11. Tag. Zu Fuß über den Strelapaß nach Chur. Besuch der bischöflichen Kirche. 12. Tag. Von Chur per Bahn nach Rapperswyl und per Dampfschiff nach Zürich. Besichtigung des Polytechnikums. Per Bahn nach Bern.

b. 6 tägige Reisen.

Sektion I. 5 Schüler der III A und 5 Schüler der III B Lit., begleitet von den Herren Hitzig und Tobler.

1. Tag. Hof, unterwegs Besichtigung der Reichenbachfälle. 2. Tag. Jochpaß nach Engelberg. 3. Tag. Surenenpaß nach Altorf. 4. Tag. Dampfschiff nach Gersau, Rigi-Scheidegg und -Kulm, Arth. 5. Tag. Einsiedeln, von da Eisenbahn nach Zürich. 6. Tag. Zürich und Heimreise.

Sektion II. 18 Schüler aus der III. und IV. Realklasse und der I. und II. Handelsklasse in Begleitung der Herren Lüthi und Thellung.

1. Tag. Per Bahn nach Luzern, per Dampfschiff nach der Tellskapelle, zu Fuß über Flüelen und Altorf nach Unterschächen. 2. Tag. Ueber den Klausenpaß, Urnerboden nach Linthtal; per Bahn nach Schwanden. 3. Tag. Ueber Matt nach Elm; zurück nach Schwanden. Per Bahn über Glarus nach Station Ziegelbrück; zu Fuß nach Weesen und auf den Speer. 4. Tag. Vom Speerwirthshaus auf den Gipfel zum Sonnenaufgang. Abstieg nach Kappel und Ebnat. Per Bahn nach Wattwyl, zu Fuß nach Utznach und per Bahn nach Rapperswyl. 5. Tag. Besuch des polnischen Museums. Per Schiff nach der Insel Ufenau; Besuch der beiden Kapellen; zurück nach Rapperswyl. Nachmittags zu Fuß über den Etzel nach Einsiedeln. 6. Tag. Besuch der Kirche und der Klostergebäulichkeiten. Durch das Alptal über den Hacken nach Schwyz und Brunnen; per Dampfschiff nach Luzern und per Bahn nach Bern.

Der Eintägige Frühlingsausflug aller Klassen fand Freitag 12. Mai statt.

Am 31. August wurde das Schwimmexamen abgehalten, bei welchem eine Anzahl kleiner Preise (13) für die besten Schwimmer zur Verteilung kam.

Anschaffungen, Geschenke, Schülerbibliothek.

Die verschiedenen Sammlungen und die übrigen Lehrmittel wurden nach Maßgabe der dafür bestimmten Beträge ergänzt und vermehrt.

An Geschenken erwähnen wir unter bestem Danke:

Vom Museum Platow eine hübsche Kollektion aus verschiedenen Gebieten der Naturwissenschaft; von Herrn Rektor Lasche: Mineralien.

Kleinere Geschenke, namentlich für die naturgeschichtliche Sammlung, von Schülern verschiedener Klassen.

Die Schülerbibliothek, zirka 4500 Bände umfassend, wurde von 96 Schülern aus allen Klassen benützt.

Neubau.

Die Frage eines Neubaus des städtischen Gymnasiums wurde im Laufe des Berichtsjahres endlich zu einem definitiven Abschluß gebracht:

Sonntag den 17. Dezember wurde nach einem einleitenden Votum des um den Bau hochverdienten Präsidenten unserer Schulkommission, Herrn Gemeinderat Lindt, folgender Antrag so zu sagen einstimmig zum Beschlusse erhoben:

Die Einwohnergemeinde der Stadt Bern,

in Ausführung des Gemeindebeschlusses über Reorganisation der Stadtschulen, vom 23. August 1878, auf den Antrag des Gemeinderates und des Großen Stadtrates,

beschließt:

Ein Schulgebäude für das städtische Gymnasium, sowie ein neues Primarschulhaus der obern Stadt sind zu erstellen auf dem Baugrund der früheren Kaserne II, dem zugehörenden Hof und auf der Speichergaß- und Frutingsgartenbesitzung der Einwohnergemeinde nach Abbruch der Kaserne und übrigen dortigen Gebäulichkeiten. Diese Schulhausbauten sind auszuführen nach Mitgabe des vom Gemeinderat und Großen Stadtrat angenommenen Planes des Herrn Architekten Eugen Stettler. Der vom Gemeinderat vorgelegte Devis, wonach die Gesammt-Nettokostensumme genannter Schulhausbauten auf Eine Million Zweihunderttausend Franken veranschlagt wird, wird genehmigt. — Die Ausgabe ist mittelst Vorschüssen aus dem Gemeindevermögen zu bestreiten. Die Gesammt-Nettokostensumme soll aus den Betriebs-Einnahmen der Gemeinde refundirt werden. Hiezu ist von 1884 an eine Summe von 30.000 Franken jährlich in das Betriebsbüdget aufzunehmen.

Der Gemeinderat wird mit der Ausführung dieses Beschlusses beauftragt.

Da nun überdieß die bisher für das städtische Gymnasium benützten Gebäulichkeiten von der hohen Regierung auf den Herbst 1885 gekündigt worden sind, so wird das städtische Gymnasium wohl bald ein neues Heim beziehen können.

IV. Beiträge zur Schulstatistik.

A. Behörden.

I. Erziehungs-Direktion.

Herr Regierungsrat Bitzius. † Mittwoch 20. September 1882. — Herr Regierungsrat Gobat.

II. Sekundarschul-Inspektor.

Herr Landolt.

III. Schul-Kommission.

Herr Lindt, Gemeinderat, Präsident.
» Trächsel, Dr., Prof., Vizepräs.
» Blösch, Dr. Emil, Oberbibliothekar.
» Davinet, Architekt.
» Lindt, Kantonsgeometer.

Herr Schuppli, Schuldirektor.
» Schwarzenbach, Dr., Prof.
» Studer, Apotheker.
» Welti, Dr., Bundesrat.

Sekretär und Kassier: Herr Brügger-Lutstorf, † 3. November 1882.
» Gerster-Wyß, Gust., Sachwalter.

IV. Maturitätsprüfungs-Kommissionen.

a. Für die Realschule.

Herr Fischer, Dr., Prof., Präsident.
» Fueter, Apotheker in Burgdorf.
» Lasche, Rektor.

Herr Lindt, Kantonsgeometer.
» Morf, Dr., Prof.

b. Für die Literarschule.

Herr Aeby, Dr., Prof., Präsident.
» Dür, Pfr. in Burgdorf.
» Hirzel, Dr., Prof.
» Hitzig, Dr., Prof., Rektor.

Herr Landolt, Sekundarschulinspektor.
» Nippold, Dr., Prof.
» Sidler, Dr., Prof.

B. Lehrerschaft und Verteilung der Fächer.

Rector des Gymnasiums für das Schuljahr 1882/1883: Hr. A. Lüscher.
Rector des Progymnasiums: Hr. Lüscher; **der Real- und Handelsschule:** Hr. Lasche;
der Literarschule: Hr. Hitzig.

Lehrer.	Unterrichtsfächer.	Wöchentl. Stunden.
Hr. Benteli, Albert	Techn. Zeichnen, darst. u. prakt. Geom., R. I—IV. Mech. R. I, II.	Sommer 27 Winter 18
» Benteli, Wilhelm	Zeichnen, Pr. I A—IV A; R. I—IV; H. I, II; Lit. III B.	19
» Dübi, Heinrich, Dr. phil.	Latein, Lit. IV, I, OP. Griech. III A, Alte Geogr. IV.	Sommer 26 Winter 20
» Edinger, Friedrich	Latein, Pr. I A und B; Lit. III B. Deutsch IV, III B.	26
» Fankhauser, Johann	Naturgesch., Prog. I A und B, II A und B; R. II—IV; H. II; Lit. III A und B, IV.	22
» Frey, Karl	Deutsch, Pr. I B—III B. Geschichte, H. I und II. Griechisch, Geschichte, Lit. III B.	24
» Hauswirth, Joh. Jak.	Turnen in allen Klassen außer Pr. IV A und B.	20
» Hegg, Emil	Latein, Pr. II B und III B. Religion, Pr. I A, II B, III B, IV B; Lit. I, II, III A, IV.	23
» Hitzig, Herm., Dr. phil., Prof.	Latein, Lit. II. Griechisch, Lit. I u. OP.	S. 19 W. 13
» Koch, Johann	Geometrie, Pr. I A und B; R. I—IV.	S. 17 W. 13
» Künzler, Joh. Jak.	Englisch, R. II—IV; H. I, II; Lit. I—III.	22
» Langhans, Friedr.	Deutsch, Rechnen, Geographie, Schreiben, Turnen, Prog. IV B. Geographie, Pr. II B, III B, IV A. Algebra, Lit. III B.	25
» Lasche, Adolf	Handelsfächer, H. I, II.	18
» Löhnert, Hermann	Deutsch, R. I—IV; H. I, II. Geschichte, R. II—IV.	Sommer 25 Winter 22
» Lüscher, Albert	Latein, Pr. II A, III A. Geschichte, Pr. I B—III B.	18

Lehrer.	Unterrichtsfächer.	Wöchentl. Stunden.
Hr. Lüthy, Emanuel	Deutsch, Geschichte, Geographie, Pr. I A—III A.	24
» Meyer, Paul, Dr. phil.	Latein. Lit. III A. Griech., IV, II.	20
» Miéville, Ludwig	Französisch. R. I—IV; H. I, II.	S. 22 W. 19
» Morf. Heinr., Dr. phil., Prof.	Französisch, Lit. OP.—II.	S. 7 W. 6
» Munzinger, Karl	Singen in allen Klassen, außer Pr. IV A und B.	12
» Niggli, Bernhard	Französisch. Pr. I B—III B. Latein IV B. Italienisch H. I.	24
» Oettli, Samuel, Prof.	Hebräisch. Lit. OP., I und II.	S. 7 W. 5
» Ribi, David	Algebra. Pr. I A; R. I—IV. Rechnen, Pr. I A. II A. Geom., Lit. III B.	Sommer 25 Winter 21
» Ris, Fritz	Physik, R. I—IV; H. II; Lit. OP., I und II.	Sommer 18 Winter 13
» Robert, Jules	Französisch, Pr. I A—III A.; Lit. III A und B, IV. Schreiben, Pr. III B; H. II.	26
» Schönholzer, Joh. Jak., Prof.	Mathematik, Lit. OP.—III.	S. 17 W. 13
» Thellung, Julius, Pfarrer	Religion, Pr. I B, II A, III A, IV A; R. III u. IV; H. I u. II; Lit. III B.	10
» Tobler, Gustav, Dr. phil.	Deutsch, Lit. OP.—III. Geschichte, Lit. OP.—IV A.	Sommer 24 Winter 19
» Volmar, Paul	Zeichnen. Pr. I B—IV B; Lit. I, II, III A, IV. Schreiben, Pr. II A und B, III A.	19
» Wäber, Adolf	Geographie, Pr. I B. Chemie, R. I—III; H. I; Lit. OP.—II. Waarenkunde, H. I.	Sommer 22 Winter 15
» Wernly, Gottlieb	Deutsch, Latein, Rechnen, Geschichte, Schreiben, Singen, Turnen, Pr. IV A. Geschichte und Singen, Pr. IV B.	29
» Wenger, Gottlieb	Schwimmen in allen Klassen.	Sommer 6
» Zwicky, Melchior	Algebra. Pr. I B. Rechnen, Pr. I B, II B. III A, III B. Algebra und Geometrie, H. I. u. II. Lit. IV A.	25

Anmerkung. Durch den Tod von Hrn. Pfander und die Anstellung von Hrn. Dr. Meyer wurden an der Literarschule in der Verteilung der Stunden in den alten Sprachen mehrfache Veränderungen herbeigeführt, über die auf Seite 38 Auskunft gegeben ist. Auf vorstehendem Tableau ist die seit Beginn des Wintersemesters geltende Verteilung aufgezeichnet.

C. Verteilung des Unterrichts am Progymnasium.

Fächer.	IV A.	IV B.	III A.	III B.	II A.	II B.	I A.	I B.
Religion	(2) Thellung 6	(2) Hegg 6	(2) Thellung 6	(2) Hegg 6	(2) Thellung 6	(2) Hegg 6	(1) Hegg 7	(1) Thellung 7
Latein	Wernly 6	Niggli 6	Lüscher 6	Hegg 4	Lüscher 6	Hegg 4	Edinger 4	Edinger 4
Deutsch	Wernly	Langhans	Lüthy 5	Frey 4	Lüthy 4	Frey 4	Lüthy 4	Frey 4
Französisch	—	—	Robert 4	Niggli 4	Robert 4	Niggli 4	Robert 2	Niggli 2
Arithmetik	Wernly 5	Langhans 5	Zwicky	Zwicky	Ribi	Zwicky	Ribi 3	Zwicky 3
Algebra	—	—	—	—	—	—	Ribi 2	Zwicky 2
Geometrie	—	—	—	—	—	—	Koch 2	Koch 2
Naturgeschichte	—	—	—	—	Fankhauser 2	Fankhauser 2	Fankhauser 2	Fankhauser 2
Geographie	Langhans 2	Langhans 2	Lüthy 2	Langhans 2	Lüthy 2	Langhans 2	Lüthy 2	Wäber 2
Geschichte	Wernly 2	Wernly 2	Lüthy 2	Lüscher 2	Lüthy 2	Lüscher 2	Lüthy 2	Lüscher 2
Zeichnen	Wernly 3	Volmar 3	W. Benteli 2	Volmar 2	W. Benteli 2	Volmar 2	W. Benteli 2	Volmar 2
Schreiben	W. Benteli 2	Langhans 2	Volmar 2	Robert 2	Volmar 2	Volmar 2	—	—
Singen	Wernly 2	Wernly 2	Munzinger 2	Munzinger 2	Munzinger 2	Munzinger 2	Munzinger 1	Munzinger 1
Turnen	Wernly 2	Langhans 2	Hauswirth 2	Hauswirth 2	Hauswirth 2	Hauswirth 2	Hauswirth 2	Hauswirth 2
Obligatorisch	30	30	31	31	32	32	33	33
Fakultativ	2	2	2	2	2	2	1	1

D. Verteilung des Unterrichts an der Handelsschule.

Fächer.	II.	L.
Religion	(1) Thellung	(1) Thellung
Deutsch	4 Löhnert	3 Löhnert
Französisch	5 Miéville	3 Miéville
Englisch	4 Künzler	3 Künzler
Italienisch	—	6 Niggli
Kaufmännische Arithmetik	3 Lasche	3 Lasche
Kontorarbeiten	2 Lasche	—
Buchhaltung	2 Lasche	2 Lasche
Handelskunde inkl. H.- und W. Gesetzgeb.	2 Lasche	2 Lasche
Handelsgeographie	—	2 Lasche
Geschichte	1 Frey	1 Frey
Naturgeschichte	2 Fankhauser	—
Physik	2 Ris	—
Chemie	—	2 Wäber
Waarenkunde	—	2 Wäber
Mathematik	2 Zwicky	2 Zwicky
Schreiben	2 Robert	—
Zeichnen	2 W. Benteli	2 W. Benteli
Singen	—	1 Munzinger
Turnen	2 Hauswirth	2 Hauswirth und Guggisberg
Obligatorisch	35	35
Fakultativ	1	1

E. Verteilung des Unterrichts an der Realschule.

Fächer.	IV.	III.	II.	I. (Sommersemester.)
Religion	(1) Thellung	(1) Thellung	—	—
Deutsch	3 Löhnert	3 Löhnert	3 Löhnert	3 Löhnert
Französisch	5 Miéville	3 Miéville	3 Miéville	3 Miéville
Englisch	3 Künzler	3 Künzler	3 Künzler	—
Algebra	3 Ribi	3 Ribi	3 Ribi	4 Ribi
Geometrie	4 Koch	3 Koch	2 Koch	4 Koch
Praktische Geometrie	—	1 A. Benteli	2 A. Benteli	—
Darstellende Geometrie	—	2 A. Benteli	2 A. Benteli	2 A. Benteli
Mechanik	—	—	2 A. Benteli	2 A. Benteli
Physik	2 Ris	2 Ris	3 Ris	3 Ris
Chemie	—	3 Wäber	2 Wäber	5 Wäber
Naturgeschichte	2 Fankhauser	2 Fankhauser	2 Fankhauser	—
Geschichte	2 Löhnert	2 Löhnert	2 Löhnert	—
Geographie	2 Wäber	—	—	—
Technisches Zeichnen	4 A. Benteli	3 A. Benteli	2 A. Benteli	5 A. Benteli
Kunstzeichnen	2 W. Benteli	2	2 W. Benteli	2
Singen	1 Munzinger	1	1 Munzinger	1
Turnen	2 Hauswirth	2 Hauswirth u. Guggisberg	2 Hauswirth und Guggisberg	2
Obligatorisch	35	35	36	36
Fakultativ	1	1	—	—

F. Verteilung des Unterrichts an der Literarschule.

Fächer.	IV.	III A.	III B.	II.	I.	Oberprima.
Religion	(1) Hegg	(1) Hegg	(1) Thelhung	(1) Hegg	(1) Hegg	—
Latein	6 Dubi	6 Sommer: Dubi Winter: Meyer	6 Edinger	6 Hitzig	6 Sommer: 2 Dubi, 4 Pfander (für diesen: 2 Hitzig, 2 Dubi) Winter: Dubi	6 Pfander (für ihn Hitzig)
Griechisch	7 Pfander (für ihn im Sommer: Dick, Jörg) im Winter: Meyer	7 Pfander (für ihn im Sommer: Dick, Jörg) im Winter: Dubi	7 Frey	7 Sommer: Dubi, Winter: Meyer	7 Hitzig	6 Hitzig
Deutsch	3 Edinger	3 Tobler	3 Edinger	3 Tobler	3 Tobler	3 Tobler
Französisch	3 Robert	3 Robert	3 Robert	3 Morf	3 Morf	1 Morf
Englisch	—	(2)	(2)	(2) Künzler	(2) Künzler	—
Hebräisch		künzler		(3) Oettli	(2) Oettli	(2) Oettli (für ihn Knaus)
Algebra	2 Zwicky	3 Schönholzer	2 Langhans	2 Schönholzer	2 Schönholzer	2 Schönholzer
Geometrie	2 Zwicky	2 Schönholzer	3 Ribi	2 Schönholzer	2 Schönholzer	2 Schönholzer
Physik	—	—	—	2 Ris	2 Ris	2 Ris
Chemie	2 Fankhauser	2 Fankhauser	2 Fankhauser	2 Wäber	2 Wäber	2 Wäber
Naturgeschichte	1 Dubi	—	—	—	—	—
Alte Geographie	2 Tobler	3 Tobler	3 Frey	3 Tobler	2 Tobler	2 Tobler
Geschichte	2 Volmar	2 Volmar (comb. mit II und I)	2 W. Henteli	(2)	(2)	—
Zeichnen						
Singen	1	1	1	1 Volmar	1	—
Turnen	2 Hauswirth	Munzinger 2 Hauswirth und Guggisberg	2 Widmer	Munzinger 2 Hauswirth und Guggisberg	2 Hauswirth und Guggisberg	(2) Hauswirth und Guggisberg
Obligatorisch	33	34	34	33	32	26
Fakultativ	1	8	3	8	7	4

G. Schülerzahl während des Schuljahres 1882/1883.

I. Progymnasium.

	Bestand zu Anfang.	Zuwachs.	Austritt.	Bestand zu Ende.	Gesammtzahl im Laufe des Schuljahres.
Klasse IV A	26	1	3	24	27
» B	25	1	1	25	26
» III A	35	—	1	34	35
» B	35	4	4	35	39
» II A	27	5	4	28	32
» B	29	—	3	26	29
» I A	26	—	5	21	26
» B	23	2	2	22	24
	225	13	23	215	238

II. Handelsschule.

	Bestand zu Anfang.	Zuwachs.	Austritt.	Bestand zu Ende.	Gesammtzahl im Laufe des Schuljahres.
Klasse II	15	—	—	15	15
» I	16	—	4	12	16
	31	—	4	27	31

III. Realschule.

	Bestand zu Anfang.	Zuwachs.	Austritt.	Bestand zu Ende.	Gesammtzahl im Laufe des Schuljahres.
Klasse IV	5	—	—	5	5
» III	9	1	3	7	10
» II	4	—	—	4	4
» I	7	—	—	7	7
	25	1	3	23	26

IV. Literarschule.

	Bestand zu Anfang.	Zuwachs.	Austritt.	Bestand zu Ende.	Gesammtzahl im Laufe des Schuljahres.
Klasse IV	27	1	2	26	28
» III A	18	1	3	16	19
» III B	17	1	1	17	18
» II	19	—	2	17	19
» I	11	—	1	10	11
Oberprima	8	—	—	8	8
	100	3	9	94	103
Im ganzen Gymnasium	381	17	39	359	398

V. Uebersicht der Prüfungen und Repetitionstage
im März 1883.

Montag und Dienstag, 19. und 20. März. Uebergangsprüfung der Klassen I A und B des Progymnasiums und Aufnahmsprüfung in alle Klassen der Anstalt.

Samstag, 24. März, Nachmittags 3 Uhr. Singexamen in der Aula.

Dienstag bis Donnerstag, 27.—29. März. Oeffentliche Schlußprüfungen und Repetitionstage.

Freitag, 30. März. Promotionsfeier im Museumssaale, Vormittags 10 Uhr.

Nach derselben Beginn der Ferien.

Zwei Wochen Ferien.

Montag, 16. April. Wenn nöthig: Nachträgliche Aufnahmsprüfungen.

Dienstag, 17. April. Wiederbeginn des Unterrichts, Vormittags 7 Uhr.

I. Progymnasium (Schlussprüfungen.*)

Uhr.	Dienstag, 27. März. Klasse IV.	
	A.	B.
8 — 8 45	Religion, Thellung.	Gesang, Wernly.
8 45— 9 30	Latein, Wernly.	Rechnen, Langhans.
9 30—10 15	Rechnen, Wernly.	Deutsch, Langhans.
10 15—10 30	Pause.	Pause.
10 30—11 15	Deutsch, Wernly.	Latein, Niggli.
11 15—12	Geschichte, Wernly.	Geographie, Langhans.
2 —2 40	Klasse IV A Turnen, Wernly.	
2 45—3 25	» III A »	Hauswirth.
3 30—4 10	» II A »	Hauswirth.
4 15—5	» I A »	Hauswirth.

Uhr.	Mittwoch, 28. März. Klasse III.	
	A.	B.
8 — 8 45	Rechnen, Zwicky.	Religion, Hegg.
8 45— 9 30	Latein, Lüscher.	Rechnen, Zwicky.
9 30—10 15	Geographie, Lüthy.	Latein, Hegg.
10 15—10 30	Pause.	Pause.
10 30—11 15	Deutsch, Lüthy.	Deutsch, Frey.
11 15—12	Französisch, Robert.	Französisch, Niggli.
2 —2 40	Klasse IV B Turnen, Langhans.	
2 45—3 25	» III B »	Hauswirth.
3 30—4 10	» II B »	Hauswirth.
4 15—5	» I B »	Hauswirth.

Uhr.	Donnerstag, 29. März. Klasse II.	
	A.	B.
8 — 8 45	Latein, Lüscher.	Deutsch, Frey.
8 45— 9 30	Deutsch, Lüthy.	Latein, Hegg.
9 30—10 15	Geschichte, Lüthy.	Geographie, Langhans.
10 15—10 30	Pause.	Pause.
10 30—11 15	Französisch, Robert.	Französisch, Niggli.
11 15—12	Rechnen, Ribi.	Rechnen, Zwicky.
	A. Klasse I.	B.
2 —2 35	Latein, Edinger.	Französisch, Niggli.
2 35—3 10	Algebra, Ribi.	Latein, Edinger.
3 10—3 45	Französisch, Robert.	Geometrie, Koch.
3 50—4 25	Deutsch, Lüthy.	Deutsch, Frey.
4 25—5	Naturgeschichte, Fankhauser.	Geschichte, Lüscher.

*) Die A-Klassen im Klassenzimmer von III A, die B-Klassen im Klassenzimmer von IV B, Herrengasse 36, I. und II. Stock.

II. Real- und Handelsschule (Repetitionen).

Stunde.	Klasse.	Dienstag, 27. März.	Mittwoch, 28. März.	Donnerstag, 29. März.
7	R. II.	Geometrie, Koch.	Physik, Itis.	Geschichte, Löhnert.
	III.	Deutsch, Löhnert.	Algebra, Ribi.	Englisch, Künzler.
	IV.	Englisch, Künzler.	Geometrie, Koch.	Physik, Itis.
	H. I.	Italienisch, Niggli.	Kaufm. Arithmetik, Lasche.	Waarenkunde, Wäber.
	II.	Geschichte, Frey.	Deutsch, Löhnert.	Mathematik, Zwicky.
9	R. II.	Deutsch, Löhnert.	Naturgeschichte, Funkhauser.	Englisch, Künzler.
	III.	Darstellende Geometrie, A. Benteli.	Physik, Itis.	Geschichte, Löhnert.
	IV.	Algebra, Ribi.	Französisch, Miéville.	Geographie, Wäber.
	H. I.	Französisch, Miéville.	Chemie, Wäber.	Handelsgeschichte, Frey.
	II.	Handelskunde, Lasche.	Kaufm. Arithmetik, Lasche.	Naturgeschichte, Funkhauser.
10	R. II.	Algebra, Ribi.	Prakt. Geometrie, A. Benteli.	Darstellende Geometrie, A. Benteli.
	III.	Geometrie, Koch.	Chemie, Wäber.	Naturgeschichte, Funkhauser.
	IV.	Naturgeschichte, Funkhauser.	Deutsch, Löhnert.	Geschichte, Löhnert.
	H. I.	Wechselgesetzgebung, Lasche	Mathematik, Zwicky.	Handelsgeographie, Lasche.
	II.	Englisch, Künzler.	Englisch, Künzler.	Französisch, Miéville.
11	R. II.	Chemie, Wäber.	Französisch, Miéville.	Mechanik, A. Benteli.
	III.	Religion, Thellung.	Prakt. Geometrie, A. Benteli.	Französisch, Miéville.
	IV.	Deutsch, Löhnert.	Algebra, Ribi.	Religion, Thellung.
	H. I.	Religion, Thellung.	Deutsch, Löhnert.	Englisch, Künzler.
	II.	Französisch, Miéville.	Physik, Itis.	Religion, Thellung.

NB. Turnen vide pag. 43 unten

III. Literarschule (Repetitionen).

Stunde	Klasse	Dienstag, 27. März.	Mittwoch, 28. März.	Donnerstag, 29. März.
8	I	Mathem., Schönholzer.	Französisch, Morf.	Griechisch, Hitzig.
	II	Latein, Hitzig.	Deutsch, Tobler.	Geschichte, Tobler.
	III a	Griechisch, Dübi.	Naturgesch., Fankhauser.	Mathem., Schönholzer.
	III b	Französisch, Robert.	Geschichte, Frey.	Religion, Thellung.
	IV	Naturgesch., Fankhauser.	Französisch, Robert.	Griechisch, Meyer.
9	I	Latein, Dübi.	Deutsch, Tobler.	Mathem., Schönholzer.
	II	Griechisch, Meyer.	Französisch, Morf.	Deutsch, Tobler.
	III a	Religion, Hegg.	Griechisch, Dübi.	Latein, Meyer.
	III b	Naturgesch., Fankhauser.	Griechisch, Frey.	Französisch, Robert.
	IV	Deutsch, Edinger.	Griechisch, Meyer.	Alte Geographie, Dübi.
10	I	Physik, Ris.	Geschichte, Tobler.	Englisch, Künzler.
	II	Chemie, Wäber.	Mathem., Schönholzer.	Griechisch, Meyer.
	III a	Latein, Meyer.	Französisch, Robert.	Geschichte, Tobler.
	III b	Latein, Edinger.	Deutsch, Edinger.	Geometrie, Ribi.
	IV	Religion, Hegg.	Latein, Dubi.	Mathematik, Zwicky.
11	I	Griechisch, Hitzig.	Chemie, Wäber.	Hebräisch, Oettli.
	II	Physik, Ris.	Englisch, Künzler. / Hebräisch, Oettli.	Religion, Hegg.
	III a	Englisch, Künzler.	Mathem., Schönholzer.	Deutsch, Tobler.
	III b		Algebra, Langhans.	Griechisch, Frey.
	IV	Latein, Dübi.	Geschichte, Tobler.	Deutsch, Edinger.

Real-, Handels- und Literarschule:

Donnerstag von 2. — bis 2.30 Turnen, IV Lit., Hauswirth.
 » » 2.30 » 3. — » IV R. II H. und III B Lit., Hauswirth und Widmer.
 » » 3. — » 3.30 » III R. II H. u. III A Lit., Hauswirth und Guggisberg.
 » » 3.30 » 4. — » II u. I R., II u. I Lit., Hauswirth und Guggisberg.

Studien zu Isaeus

von

Hermann Hitzig.

Bern.
Stämpfli'sche Buchdruckerei.
1883.

Den folgenden Auseinandersetzungen hat der Verfasser zwei Bemerkungen voranzuschicken.

Einmal möchte er um Nachsicht bitten für den Fall, dass man finden sollte, seine Schrift habe mehr als nöthig den Charakter einer lanx satura. Die zwanglose Art nämlich, Rede für Rede aufzuzeichnen, was nach dieser oder jener Seite hin als mittheilenswerth sich ergibt, erleichtert die Arbeit so wesentlich, dass man es einem, gerade in dem nun zu Ende gehenden Schuljahre, ungewöhnlich angestrengten Lehrer wohl nicht verargen wird, wenn er glaubte die Forderung, auch für eine gewisse Abrundung zu sorgen, unbeachtet lassen zu dürfen.

Dass Verfasser sich in den textkritischen Auseinandersetzungen besonders einlässlich mit *Naber's* Adnotationes criticae ad Isaei orationes[1]) abgibt, geschieht deshalb, weil seit *Cobet* Niemand dem Text des *Isaeus* so rücksichtslos mit Feuer und Schwert zu Leibe gegangen ist, wie *Naber*, und weil seine Arbeit bisher noch nirgends eine genauere Beurtheilung erfahren hat.

---

[1]) In Mnemosyne N. S. vol. V, pars 4 (1877), S. 385—419.

Zu or. I.

W. *Röder* hat die Frage der Aufhebung oder Aenderung, beziehungsweise Aufrechterhaltung (ἐπανόρθωσις) eines Testaments nach attischem Recht im Anschluss an die erste Rede des Isaeus einer eingehenden Besprechung unterworfen[1]). Da mir dieselbe misslungen scheint, so werde ich im Folgenden meine Meinung in der Sache mittheilen und begründen.

Wer ein Testament gemacht hatte, pflegte es nicht bei sich aufzubewahren, sondern bei einem Freunde oder Verwandten, unter Umständen auch, wie Kleonymus in der ersten Rede, bei einem Beamten zu deponiren. Wollte er dasselbe später umstossen, konnte es aber nicht zur Stelle schaffen, so gab er vor dem Archonten, dessen Parodroi und vor Zeugen die feierliche Erklärung ab: ὡς οὐκέτ' αὐτῷ κέοιτο ἡ διαθήκη, d. h. dass er das deponirte Testament nicht mehr als gültig anerkenne (VI, 32). Streitig ist nun aber, ob der Erblasser zur rechtsgültigen Aufhebung eines Testaments die Einwilligung der bisher berücksichtigten Erben bedurfte, wofern diese bei der Deponirung desselben betheiligt gewesen waren. *Gans*[2]) nämlich und *Röder* wollen eine willkürliche und einseitige Cassirung des Testaments von Seite des Testators nicht als gesetzlich anerkennen. Sie stützen sich darauf, dass sowohl in der ersten als in der sechsten Rede, wo es sich beide Male um die Zurückziehung eines Testamentes handelt, das Einverständniss der bisher berücksichtigten Erben offenbar als erforderlich angenommen sei. Dies leugnet *Schömann* (im Commentar S. 175).

Was die erste Rede betrifft, so ist der Sachverhalt kurz folgender. Kleonymus wollte sein Testament, in welchem er seine Schwestersöhne übergangen hatte, sich vom Astynomen, bei dem es niedergelegt war, herausgeben lassen, um, wie der Sprecher sagt, es zu Gunsten seiner Partei zu cassiren, wie die Gegner behaupten, um es ihnen, den darin zu Erben eingesetzten Verwandten, noch mehr zuzusichern. Nun schickte Kleonymus einen

---

[1]) Beiträge zur Erkl. u. Krit. des Isaeus. Jena 1880. S. 10 ff.
[2]) Das Erbrecht in weltgeschichtl. Entwickl. (Berl. 1824. Bd. I, S. 392 u. 393). Es finden sich in der betreffenden Auseinandersetzung mehrere Ungenauigkeiten; so ist es unberechtigt, wenn *Gans* von den beiden im Testament des Kleonymus Eingesetzten redet, da es wenigstens drei waren; falsch ist es ferner, wenn er den Sprecher mit Consorten Brudersöhne des Kleonymus nennt: denn dass Deinias, der Bruder ihres Vaters, nicht auch der Bruder des Kleonymus war, geht deutlich aus § 9 hervor; vielmehr waren sie seine Schwestersöhne. Dass endlich in dieser Rede nicht von einer Rescission des Testaments gesprochen werde, ist eine gänzlich falsche Behauptung, s. § 14 ἐβουλήθη ταύτας τὰς διαθήκας ἀνελεῖν, 21. 25. 42. 43. 50.

dieser letztern, namens Poseidippus, zum Astynomen mit dem Auftrag, denselben zu holen; als aber der Beamte kam, wurde er von Poseidippus nicht zu Kleonymus gelassen, der, weil er krank war, sich nicht dagegen wehren konnte. In der Nacht stirbt Kleonymus ziemlich unerwartet, nachdem er noch einen andern der eingesetzten Erben, Diokles, beauftragt hatte, den Astynomen am folgenden Tage zu ihm zu bringen.

Aus dem eigenthümlichen Umstande nun, dass gerade Poseidippus und nach ihm Diokles, welche beide zu Erben eingesetzt waren, den Auftrag erhielten, für die Herbeischaffung des Testamentes zu sorgen, glaubt *Röder* schliessen zu müssen, dass eine einseitige Aufhebung desselben durch Kleonymus ohne Zustimmung der bisher zu Erben Eingesetzten unstatthaft gewesen wäre. *Röder* geht dabei von der Voraussetzung aus (S. 10), dass der Sprecher der Rede die Wahrheit sage mit der Behauptung, Kleonymus habe das Testament zu Gunsten seiner Schwestersöhne cassiren wollen. In der That aber ist nur die Behauptung der Gegner, derselbe habe vielmehr beabsichtigt, ihnen das Testament noch mehr zuzusichern, vom Sprecher widerlegt, dagegen suche ich umsonst nach den «ausreichenden Gründen», mit denen er bewiesen haben soll, dass Kleonymus das Document zurückverlangte, um es zu vernichten. Die Behauptung von § 14 (ἐβουλήθη ταύτας τὰς διαθήκας ἀνελεῖν), welche *Röder* citirt, kehrt allerdings öfter wieder, ist aber nur eine Behauptung, nicht ein Beweis. Ein solcher wird versucht in § 25, wo die Ausflucht der Gegner, Kleonymus habe sein Testament vom Depositar zurückverlangt, um einen bestätigenden Zusatz zu machen, mit der Erklärung widerlegt wird, dass zu solchem Zweck jedes andere Stück Papier gut genug gewesen wäre; da es sich aber um Aufhebung des Testaments gehandelt habe, so sei eben die Herbeischaffung desselben unumgänglich gewesen. Es ist nun aber auch der Fall denkbar, dass Kleonymus nur eine wesentliche Aenderung an seinem Testamente vorzunehmen beabsichtigte; es war ihm vielleicht nur darum zu thun, das Erbe anders zu vertheilen, d. h. seine Schwestersöhne ebenfalls zu bedenken und dafür Pherenikus, den Bruder des Poseidippus und Diokles, mit welchem er sich verfeindet hatte, auszuschliessen. Auch zu diesem Zwecke musste er ohne Zweifel das Testament wieder in seine Hände zu bekommen suchen. Diese Vermutbung nun, welche *Schömann* ausgesprochen, halte ich aus zwei Gründen für richtig.

Erstens wird es nur bei dieser Annahme wirklich erklärlich, dass Poseidippus und Diokles den genannten Auftrag erhielten. Kleonymus konnte von ihnen erwarten, dass sie ihm den Dienst thun würden, weil er nichts beabsichtigte, was ihre eigenen Interessen gefährdete. Wollte er dagegen das Testament gänzlich aufheben, also auch sie enterben, wie der Sprecher behauptet, so bleibt es unbegreiflich, dass er gerade diejenigen, welche er schädigen wollte und welchen seine Absicht jedenfalls nicht unbekannt gewesen wäre, beauftragte, ihm bei der Ausführung derselben behülflich zu sein. Auch wenn wir mit *Röder* annehmen wollten, dass ihre Zustimmung zu seinen Plänen erforderlich gewesen sei, so kann das Gesetz doch unmöglich verlangt haben, dass einer von ihnen den Botengang zum Depositar übernehme. Ferner aber ist nirgend ersichtlich, dass Kleonymus gegen die beiden Genannten irgend welchen Groll hegte. Im Gegentheil dürfte der Umstand, dass sie bei dem kranken Kleonymus sich befinden, eher auf die Fortdauer eines freundlichen Verhältnisses schliessen lassen. Davon aber etwas verlauten zu lassen, lag natürlich nicht im Interesse des Sprechers; darum sagt er im Gegentheil § 31 τούτων μέν τινι διάφορος ἐγένετο; aber gerade hier ist zu sehen, dass der Sprecher es mit der Wahrheit nicht allzu genau nimmt. Denn nachdem er für die Richtigkeit dieser Behauptung σημεῖα μεγάλα versprochen, weiss er doch nur von einem Einzigen, nämlich eben von Pherenikus, die Gegnerschaft zu beweisen. Auf diesen wird es Kleonymus abgesehen haben. Poseidippus aber, welchen zu enterben nicht sein Wille war, dachte brüderlich genug, um ihm bei der Ausführung seiner Absicht Schwierigkeiten zu bereiten. Als dann Kleonymus plötzlich wegstarb, verbanden sich alle drei Brüder, um die Anerkennung des Testamentes, so wie es vorlag, durchzusetzen, während andrerseits ihre Gegner nunmehr die völlige Annullirung desselben zu erreichen strebten.

Doch abgesehen nun von der Frage, ob Kleonymus an wirkliche Annullirung oder nur an Modificirung des Testamentes gedacht habe, sicher ist, dass der Sprecher das erstere behauptet. Wie nun aber: falls Kleonymus das Recht zur Cassirung nur dann hatte, wenn die Gegner ihre Zustimmung dazu gaben, hätten diese dann nicht einfach erklären können: etiamsi voluit Cleonymus, at nos noluimus? *Röder* meint, dies hätten sie nicht thun dürfen, weil auch sie ein Interesse daran gehabt hätten, das Testament thatsächlich als Ausdruck des letzten Willens des Erblassers hinzustellen. Ich kann diesem Einwand kein grosses Gewicht beimessen. Bestand das Testament des Kleonymus, wie *Röder* annimmt, zu Recht, so lange sie nicht selbst seine Cassirung guthiessen, so konnte eine spätere Willensänderung des Testators auch keinen Einfluss zu ihren Ungunsten ausüben. Gerade aber der Umstand, dass sie eine solche durchaus nicht zugeben wollen, beweist, dass Kleonymus, wenn der Tod ihn nicht gehindert hätte, von sich aus in der Lage gewesen wäre, eine Aenderung in seinen Verfügungen zu treffen. Uebrigens ist es an sich ganz und gar unwahrscheinlich, dass es ein Gesetz gegeben habe, welches die Aufhebung eines Testamentes nur zuliess, wenn Testator und Erben einmüthig dieselbe verlangten; denn das wäre ein Gesetz, das nur die letztern schützte, dem erstern aber die Freiheit des Handelns in höchst befremdlicher Weise raubte.

Röder zieht nun aber auch die sechste Rede bei. Hier kann Euktemon die Urkunde, in welcher er dem Sohne der Alke einen Theil seines Besitzthums vermacht hatte, von seinem Verwandten Pythodorus nicht herausbekommen, er citirt ihn darum vor den Archon und erklärt daselbst, er wolle dies Testament aufheben. Nun hatte Euktemon dasselbe seiner Zeit gemeinschaftlich mit seinen Schwiegersöhnen deponirt; von diesen war seither der eine, Chäreas, gestorben; somit erklärt Pythodorus, er sei zur Auslieferung des Testamentes im Beisein des Phanostratus, des andern Schwiegersohnes, bereit, sobald die Tochter des Chäreas einen Vormund bekommen habe, d. h. sobald als auch die andere bei der Niederlegung des Testaments betheiligt gewesene Person bei der Rückgabe vertreten sei. Diese Erklärung wurde vom Archon gutgeheissen, veranlasste aber den Euktemon, nunmehr anzukündigen und zwar vor dem Archonten, den Beisitzern desselben und vielen Zeugen, dass er das Testament nicht mehr anerkenne. Damit war der Streit zu Ende und die Annullirung rechtskräftig.

Aus diesem Hergang ersieht man nur, dass diejenigen Personen, welche bei der Deponirung eines Testaments betheiligt gewesen waren, auch bei der Auslieferung zugegen zu sein beanspruchen durften; man hielt es also für billig, dass diese letztere nicht hinter ihrem Rücken vorgenommen werde, zumal wenn sie erbberechtigte Verwandte waren. Dass diese Personen dagegen ein Einspruchsrecht gehabt hätten, ist ebenso wenig ersichtlich, als feststeht, dass von ihnen überhaupt in dem Testamente, um das es sich in or. VI handelt, die Rede war.

Wenden wir uns nun zu einer andern Frage. Vergleicht man in der ersten Rede § 2 οἱ μὲν οἰκεῖοι καὶ οἱ προσήκοντες οἱ τούτων ἀξιοῦσιν ἡμᾶς καὶ τῶν ὁμολογουμένων ὡς Κλεώνυμος κατέλιπεν, αὐτοῖς ἰσομοιρῆσαι· οὗτοι δὲ εἰς τοῦτο ἥκουσιν ἀναισχυντίας ὥστε καὶ τὰ πατρῷα προσαφελέσθαι ζητοῦσιν ἡμᾶς mit dem Ende von § 51 πάντων γὰρ ἂν εἴη δεινότατον, εἰ τῶν ἀντιδίκων γιγνωσκόντων ἡμᾶς δίκαιον εἶναι τὸ μέρος αὐτῶν ἀναλαβεῖν κτί., s. auch §§ 29. 35, so scheint sich ein deutlicher Widerspruch zu ergehen; nach § 2 wollen die Gegner der Partei des Sprechers nicht nur keinen Antheil am Erbe des Kleonymus einräumen, sondern ihr auch das Vermögen ihres Vaters streitig machen, während nach § 51 die Gegner selbst es als recht anerkennen, dass jene einen Theil der Erbschaft des Kleonymus erhalte. Diesen Widerspruch zu beseitigen, sind mehrere Wege denkbar. Man kann annehmen, der Sprecher verstehe unter ἀντίδικοι neben den eigentlichen Gegnern auch die Verwandten und Freunde derselben, die ganze ihm feindliche Partei, und behaupte nun in übertreibender Weise von dieser, was nicht von den Gegnern selbst, sondern nur von den Verwandten und Freunden gelte. Es läge dann eine Verdunklung des wahren Sachverhaltes vor, die wohl stimmte zu gewissen Sophismen, welche die Rede enthält. Auf einen solchen in § 30 habe ich bereits aufmerksam gemacht. Aber auch die Deduktion in § 26 ist hieher zu rechnen. Hier wird ein Beweis für die Unverschämtheit der Gegenpartei daraus abgeleitet, dass sie die Gültigkeitserklärung eines Testamentes verlange, von dem sie selber behaupte, der Erblasser habe geglaubt, dass dasselbe οὐκ ὀρθῶς ἔχειν. Das klingt ja freilich sehr bedenklich; wenn man aber erwägt, dass die Gegner lediglich sagten, s. § 18. 22, der Erblasser habe durch einen Zusatz das Testament bestätigen und ihnen seine Habe noch mehr zusichern wollen, so sieht man, dass man es hier nur mit einem Advocatenkniff zu thun hat, und unwillkürlich erinnert man sich an die Behauptung des Dionysius, dass Isäus der Vorwurf der γοητεία und ἀπάτη gemacht worden sei; nicht übel stimmt übrigens zur Sophistik der Stelle, dass der Redner alsbald im Bewusstsein derselben den Mund sehr voll nimmt und die Richter beschwört, nicht ἐναντία καὶ τοῖς νόμοις καὶ τῷ δικαίῳ καὶ τῇ τοῦ τετελευτηκότος γνώμῃ ψηφίσασθαι. Eitel Rhetorik ist auch die Wendung in § 29 καὶ τίς ἂν ὑμῶν πιστεύσειεν εὐνουστέρους καὶ μετριωτέρους τοὺς ἀντιδίκους ἡμῖν εἶναι τῶν οἰκειοτάτων; denn wenn die Gegenpartei den Vorschlag machte, die Erbschaft zu theilen, so that sie es nicht aus εὔνοια und nicht aus μετριότης, sondern lediglich aus Furcht, in einem Processe noch schlechter wegzukommen.

Obigen Widerspruch zu beseitigen, gibt es aber noch zwei Wege. Man kann vermuthen — und es ist dies mehrfach geschehen, z. B. von Schomann S. 173 und von Moy, Etude sur les plaidoyers d'Isée, p. 140 — dass ein Theil der Gegner selbst sich zu einem Compromiss verstehen wollte, der andere aber nicht. Vielleicht aber lag die Sache so, dass bei der Verhandlung, welche dem Processe vorausgieng, der von den vermittelnden Verwandten gemachte Vorschlag, es möchten sich die Kläger mit einem Drittheil begnügen, von diesen verworfen, von den Gegnern aber acceptirt wurde, so dass nun der Process unvermeidlich war, in welchem jede Partei das ganze Erbe beanspruchte. In diesem Fall kann der Sprecher sich so ausdrücken, wie es geschieht, er kann § 2 sagen, die Freunde und Verwandten unserer Gegner wollen uns einen gleichen Antheil zugestehen, die Gegner selber aber machen uns nicht nur das Erbe des Kleonymus, sondern auch das Vermögen unseres Vaters streitig, und nachher doch mit Beziehung auf die dem Process vorausgehende Verhandlung § 51 bemerken: die Gegner erkennen es für Recht, dass wir einen Theil der Erbschaft erhalten; freilich entspräche das Präsens nicht völlig der Sachlage.

Wüsste man sicher, in welchem Verhältniss Kephisander zu den Gegnern des Sprechers stand, so würden wir eher entscheiden können, welche von den beiden letzteren Möglichkeiten, den scheinbaren Widerspruch zu heben, die richtigere sei. Denn wenn Kephisander selbst ein ἀντίδικος war, wie Röder S. 25 annimmt, dann ist es klar, dass der Vorschlag des Compromisses nicht von allen Gegnern, sondern eben nur von ihm selbst den Freunden und Verwandten gemacht worden war, und dass dann also der Sprecher sich ungenauer Weise so ausdrückt, als seien die Gegner überhaupt diesem Vorschlag beigetreten. War dagegen Kephisander selbst nur ein οἰκεῖος, so bleibt nur die zweite Lösung.

Röder sucht den Beweis, dass Kephisander zu den Gegnern gehöre, folgendermassen zu führen. Er findet S. 22, es sei die Auffassung näher liegend, dass die nächsten Freunde der Gegner in Gemeinschaft mit einem der letztern sich ins Mittel legten und dass Kephisander, obwohl im Testamente bedacht, aus Furcht, im richterlichen Process Alles zu verlieren, die Erbschaftstheilung auf Anrathen von Freunden vorschlug; ferner aber schliesst er die Gegnerschaft des Kephisander aus dem Fehlen des Artikels in der Phrase § 16 καὶ τούτων μοι κάλει μάρτυρας, indem daraus hervorgehe, dass Kephisander nicht selbst zum Zeugniss aufgefordert worden sei; dies könne aber nur dann unterlassen worden sein, wenn er selbst zu den Gegnern des Sprechers gehörte, insofern er in eigener Sache nicht als Zeuge auftreten durfte. Was das Fehlen des Artikels und den daraus abgeleiteten Schluss betrifft, so habe ich meine Bedenken bei *Fleckeisen*, 1881, S. 107, ausgesprochen. Ich füge jetzt noch eines bei. Es fragt sich hier, war Kephisander ἀντίδικος oder nur οἰκεῖος: das erstere soll er nach *Röder* gewesen sein, weil er nicht aufgefordert worden sei, Zeugniss abzulegen; dies ist kein Kriterium, denn auch, wenn er nur οἰκεῖος war, wurde er wohl nicht aufgefordert, weil er sein Zeugniss verweigern konnte, s. III, 33 τοὺς γνόντας αὐτοὺς ὑμῖν παρέξομαι μάρτυρας, ἐὰν ἐθέλωσιν ἀναβαίνειν (εἰσὶ γὰρ τούτων οἰκεῖοι), εἰ δὲ μή τοὺς παραγενομένους[1]). Ich neige mich zu der Auffassung, Kephisander sei keiner der ἀντίδικοι gewesen. Die Worte § 2 οἱ μὲν οἰκεῖοι καὶ οἱ προσήκοντες οἱ τούτων — οὗτοι δὲ κτλ. statuiren doch einen entschiedenen Gegensatz zwischen dem Thun der Freunde der Gegner, welche den Vorschlag der Theilung gemacht haben, und dem Auftreten der Gegner selbst. Demnach wäre Kephisander nicht zu diesen zu rechnen. Dass die Wendung von § 16 οἱ τούτων φίλοι καὶ Κηφίσανδρος nicht gegen diese Annahme spricht, liegt auf der Hand und ist von *Röder* anerkannt, S. 22. Aber auch § 28, wo Kephisander als οἰκεῖος der Gegner deutlich bezeichnet und in Gegensatz zu Kleonymus als dem οἰκειότατος des Redenden gesetzt wird, spricht für die Annahme, dass er als Wortführer der Freunde besonders genannt werde.

Die oben erwähnte Arbeit *Naber*'s enthält zwar einzelne sichere Verbesserungen des Textes und eine grosse Zahl von beachtenswerthen Vermuthungen, so namentlich zu or. V, macht aber im Ganzen doch keinen erfreulichen Eindruck; denn neben dem Korn ist der Spreu gar zu viel und tritt subjectives Gutfinden allzu häufig an Stelle objectiver Gründe. Das Folgende wird, denke ich, dies Urtheil rechtfertigen.

§ 7 wird der Pluralis ῥήτορας in den Singularis verwandelt, denn «ad eam causam orandam non opus erat plus uno oratore»; woher weiss denn *Naber* das? sogar wenn es factisch nur einer war, konnte doch der Plural gesetzt werden.

§ 12 soll gelesen werden αὐτὸς μὲν εἰς τὴν οἰκίαν τὴν αὑτοῦ κομισάμενος ἐπαίδευε statt αὐτούς. Aber αὐτοὺς μέν, das eine Object, steht im Gegensatz zu οὐσίαν δέ, dem andern; ebenso ist nachher § 15 αὐτούς ganz richtig, denn auch hier steht es im Gegensatz zu τῶν ἡμετέρων ἁπάντων.

---

[1]) Nach dieser Stelle hätte sich *Schömann*, Att. Proc., S. 671, über diesen Punkt mit mehr Entschiedenheit aussprechen dürfen.

§ 14, wo die Handschriften οὐχ οὕτως ὡς ἀσθενῶν haben, wird die Emendation von *Scheibe* οὐχ οὕτως ἀσθενῶν deshalb zurückgewiesen, weil ἴτι im Folgenden zeige, morbum haud levem fuisse; wie wenn das durch die *Scheibe*'sche Lesart geläugnet würde! *Naber* selbst conjicirt: οὐχ ὁπωσοῦν διακείμενος und erklärt die Corruptel durch die Annahme, ὡς ἀσθενῶν sei Glosse; ὁπωσοῦν διακείμενοι bedeute moribundi et tantum non mortui. Er citirt aus Isáus IV, 16 τὰ τοῦ ὁπωσοῦν διακείμενον ὁ ἐγγύτατα γένους ἀναμφισβητήτως λαμβάνει und bemerkt: videmus eum qui ὁπωσοῦν διάκειται delirare et furiosum esse; die Worte heissen aber nur: wie auch immer sein Zustand sein mag. So ist auch in den andern Stellen, die *Naber* zur Begründung seiner Behauptung anführt, die concessive Bedeutung von ὁπωσοῦν überall sehr deutlich durchzufühlen und es ist darum unrichtig, wenn *Naber* dies ignorirend mit dem Ausdruck umspringt, wie wenn derselbe einem Adjectiv vollkommen gleich stände, vor das auch ohne weiteres eine Negation gesetzt werden könne.

§ 17 a. E. verlangt er die Einschiebung von τούτων zwischen περὶ und αὐτῶν. Aber so steht ja schon in den Handschriften und in allen Ausgaben, die mir zu Gesicht gekommen sind.

§ 19 ist αὐτοῖς πιστεύσειε schon von *Schömann* (s. Comm. zu d. St.) vermuthet.

§ 20 (nicht 21) soll ὅτι in ὅτε verwandelt werden; Grund? *Naber* sagt einfach: requiro. Allein ὅτι Λευκία διάγορος ἂν ἔτυχεν ist die nähere Bestimmung von τότε, wie zu τινί die nähere Bestimmung folgt in den Worten χρώμενος ἡμῖν κτλ.

Im gleichen Paragraphen seien die Worte μόνος ἐβουλήθη, unnütz und lästig, also fort damit! Aber wie sind sie hineingekommen? cf. § 28, wo μόνος zu lesen, § 38.

§ 25 «leve est rescribere ὅτι ἐβούλετο pro εἴ τι»; wenn *leve* mit leichtsinnig zu übersetzen ist, habe ich nichts gegen die Behauptung. Es war Kleonymus nicht erlaubt, ἐν ἑτέρῳ γραμματείῳ zu schreiben, ὅ τι ἐβούλετο, sondern er durfte in einem solchen nur einen bestätigenden Zusatz machen oder doch jedenfalls nur etwas schreiben, was in den Rahmen des Testamentes passte und keine wesentliche Bestimmung desselben annullirte; so bezieht sich εἴ τι ἐβούλετο zurück auf ἔτι δὲ καὶ εἴ τι προσγράψαι τούτοις ἐβούλετο.

Ebenso bedenklich ist der Vorschlag, in § 27 τούτοις, weil dies stets die Gegner bedeute, in τοῖς zu verwandeln. Wäre der Grund richtig, so würde ich lieber als τοῖς, οἷς zu schreiben, wobei der Artikel in einer Weise verwendet wäre, die sich aus Isäus nicht belegen lässt, τοιούτοις vorschlagen, wie § 3 διαθήκαις ἰσχυριζόμενοι τοιαύταις ἃς ἐκεῖνος διέθετο. Allein es ist überhaupt nichts zu ändern; οὗτοι pflegt allerdings da, wo es für sich allein steht, die Gegenpartei zu bedeuten; hier erhält es aber durch den Relativsatz seine nähere Bestimmung, die jedes Missverständniss ausschliesst, gerade wie in § 40 a. E. τούτοις auch nicht auf die Gegner geht, sondern seine deutliche Beziehung auf die ἐγγυτάτω γένη (richtiger γένους) hat.

Woher weiss ferner *Naber*, dass der Sprecher nur einen Bruder hat? s. S. 6 orator est cum fratre; auch *Blass* (die att. Bereds., II. Abthl., S. 494) sagt, die Rede sei für zwei Brüder verfasst.

§ 28 braucht ἐγένετο nicht in ἐγένετο geändert zu werden, der Redner bezieht sich auf die Zeit der Verhandlungen vor dem Process, wie er ja auch § 16 sagte: ἐν τούτῳ ᾧ οἱ τούτων φίλοι καὶ Κηφίσανδρος ἐξίουν νείμασθαι τὴν οὐσίαν κτλ.

§ 33 statt ἐνούσης τῆς ἔχθρας sei zu schreiben ὑπαρχούσης τ. ἐ. «non enim *tectas* inimicitias illi inter se exercebant»; wie aber, wenn ἐνεῖναι gar nicht die von *Naber* ohne weiteres angenommene Bedeutung zu haben brauchte, wenn es ganz im Sinne von ὑπάρχειν vorkäme? Diese Frage war zuerst zu untersuchen, um so mehr, als bei andern Schriftstellern dieser Gebrauch festzustehen scheint; wenn es bei *Herodot* I. 31 von Kleobis und

Biton heisst: τούτοισι... βίος τε ἀρχέων ὑπῆν, so ist dies ganz genau so viel als ἐπῆρχε: auch *Thuk.* VIII, 36, 1 τὰ ἐκ τῆς Ἰάσου μεγάλα χρήματα διαρπασθέντα ὑπῆν τοῖς στρατιώταις ist ὑπῆν = ὑπῆρχε, welches hier freilich von *Herwerden* verlangt wird; weitere Beispiele s. bei *Stephanus.*

§ 33 wird ferner *Cobet's* «Emendation» ὅπως μηδ᾽ ὀβολὸν ἀπολείψων für das überlieferte μηδὲ λόγον gutgeheissen. Seither hat *Röder* (vor ihm schon *Meutzner*) die Ueberlieferung als richtig nachgewiesen, S. 63, und neuerdings: Ueber *C. G. Cobet's* Emendationen der att. Redner, Berl. 1882, S. 13. Auch was § 38 betrifft, kann ich auf diese letztere Schrift von *Röder,* S. 19, verweisen.

In § 40 ist εἰ δ᾽ nicht durch ἐπεὶ δέ zu ersetzen, da es mit Beziehung auf εἰ μέν κτλ. § 39 i. A. gesagt ist.

In § 44 soll dreimal nach ἐγίγνετο die Partikel ἄν ausgefallen sein; s. hierzu *Röder,* Beitr., S. 29 ff.

Auch dass in § 1 οὗτοι nach ἀμφισβητοῦσιν ausgefallen sei, ist unwahrscheinlich, cf. VII, 2 und bei ὀφείλειν wird das fehlende ἡμᾶς unschwer ergänzt.

In § 10 bespricht *Naber* eine schon von Vielen in Angriff genommene Corruptel, die mit Sicherheit zu heilen Keinem gelungen ist. Dass nämlich die Worte ὡς ὕστερον ἐσώθη ἔλεγεν verdorben sind, ist klar und ebenso, dass *Scaligers* Conjectur: ὡς ὕστερον σωθείς ἔλεγεν so wenig als die von *Stephanus* ὡς ὕστερον ἐπειδὴ ἐσώθη, ἔλεγεν zum Ziele führt, denn die Anakoluthie, welche bliebe, wäre zu krass und von σωθῆναι kann überhaupt nicht die Rede sein, s. *Schömann* im Commentar. Was dieser selbst faute de mieux vorschlägt: τότε γοῦν — — — ὡς ὕστερον ἔργῳ ἐδήλωσεν erhebt nicht den Anspruch, die Worte des Isäus wiederzugeben, aber auch der Versuch von *Baiter* ἐγκαλῶν, ὕστερον ἐδήλωσεν (mit Vergleichung von § 13 ἔτι γὰρ μᾶλλον ἐν τοῖς τελευταίοις ἐδήλωσεν ὡς εἶχε πρὸς ἡμᾶς) ist wie *Rauchenstein's* Vorschlag (*Fleckeisen,* 1862, S. 674) ὡς ὕστερον σαφῶς ἐδήλωσε wenig überzeugend; plausibler erscheint *Sauppe's* ἐῦθ᾽ ὅτι für ἐσώθη; es klingt aber gar zu matt; man erwartete eher πολλάκις oder ἀεί. *Scheibe* gesteht: ego in hoc loco diu multumque versatus nihil certi eruere potui, conjeci tamen ὡς ὕστερον σωφρονισθείς (vel ὅτ᾽ ἐσωφρονίσθη) ἔλεγεν. Die Bescheidenheit, mit der diese Vermuthung vorgebracht wird, berührt sehr angenehm, wenn man daneben *Naber* hört, welcher, ohne *Scheibe's* Vorschlag zu erwähnen, ebenfalls ἐσωφρονίσθη¹) conjicirt und zwar genauer: ὡς ὕστερον ἐσωφρονίσθη δῆλον ἐγένετο und dann fortfährt: Deinde, mutata interpunctione, reliqua ita constituenda sunt: Ὁρῶν γὰρ κτέ... ταῦτα δι᾽ (hoc supplendum) διανοηθείς κτέ. So verlockend nun auch dieses ἐσωφρονίσθη scheinen mag, so will es sich doch nicht recht in den Zusammenhang fügen; es wäre gesagt in deutlichem Gegensatz zu ἐκ ταύτης τῆς ὀργῆς und der eigentliche Grund, weshalb Kleonymus das Testament machte, wäre von ihm erst, nachdem der Zorn verraucht war, entweder angegeben — wenn ἔλεγεν stehen bleibt — oder überhaupt klar geworden, wenn Jemand mit *Naber* δῆλον ἐγένετο schreiben wollte. Dies widerspricht aber der Thatsache, welche § 11 berichtet, dass nämlich εὐθὺς παραχρῆμα nach der Abfassung des Testamentes Kleonymus bezeugte, dass er es aus Zorn über Deinias abgefasst habe, welcher Zorn aber ohne Zweifel nicht nur, als er dies bezeugte, sondern bis zum Tode des Deinias andauerte. Die Lösung ist nach meiner

---

¹) Bezeichnend ist, dass *Naber,* indem er die Variante ἐσώθη Ἠ des Parisinus erwähnt, dazu bemerkt: er wisse nicht, woher *Schömann* diese Lesart habe; *Naber* war also zu bequem, auch nur die Praefatio nachzuschlagen, und so blieb ihm denn freilich das R in der adnotatio critica unter dem Texte *Schömann's* unverständlich.

Meinung immer noch nicht gefunden. Ich habe die *Sauppe*'sche Conjectur aus einem psychologischen Grunde nicht angenommen; der Sprecher wird nicht gesagt haben, «unser Oheim äusserte sich bisweilen so»[1]), dies klingt zu wenig entschieden, vielmehr, «bei jeder Gelegenheit, so oft von dieser Sache die Rede war», das wäre ἑκάστοτε, welches ich an Stelle von ἐσώϑη zu setzen vorschlagen würde, wenn mich nicht die graphische Verschiedenheit bedenklich machte. Dieser Gebrauch von ἑκάστοτε ist namentlich aus *Plato* wohlbekannt, vergl. z. B. Krit. 46ᵃ πότερον καλῶς ἐλέγετο ἑκάστοτε ἢ οὔ, ebenso [4]; Rep. III, 393ᵇ, er kehrt aber auch bei Isäus wieder, s. II, 5 ὡς οὗτος λέγει ἑκάστοτε[2]).

So weit *Naber* zu der ersten Rede. Ueber *Cobet*'s in ähnlichem Geiste zu Werke gehende Kritik hat *Röder*[3]) das Nöthige gesagt, so dass ich nichts beizufügen habe. *Röder's* Arbeit selbst ist nur zu breit angelegt. Gleich die erste Auseinandersetzung über ἀπολείποντες in I, 7, wofür *Cobet* (vor ihm schon *Reiske*) den Aorist. II setzen will, ist ja vollkommen richtig, aber ermüdend lang; ich finde, *Schömann* habe S. 180, *Reiske* widerlegend, alles Nöthige mit den Worten gesagt: pergunt adversarii etiam nunc omnibus viribus contendere.

Dass *Cobet* in § 11 εὐθύς mit Unrecht streichen wolle, ist schon vor *Röder* von *Naber* behauptet worden, s. auch *Schömann* S. 183; indessen dürfte *Cobet* doch Recht behalten, denn wenn auch an sich gegen die Verbindung dieser beiden Adverbia nichts einzuwenden ist, so scheinen mir doch *Naber* und *Röder* gerade durch die grosse Zahl von Parallelstellen den Beweis zu führen, dass eine von beiden l'artikeln weichen müsse; an allen Stellen nämlich, welche citirt werden, stehen dieselben unmittelbar neben einander, nur einmal getrennt durch τότε, Dem. 19, 42.

Die Zurückweisung des *Cobet*'schen ἐπάλεσεν § 15, s. 9 bei *Röder*, für das handschriftliche εἰσεκάλεσεν zeigt recht deutlich, wie die Holländer conjiciren. Man wird wirklich bei der Lectüre dieser Cobetiana an *Müller-Strübing*'s wenig verbindliche Auslassung erinnert: Polem. Beiträge zur Kritik des Thukydides, S. 2, wo er sagt, dass die Holländer am Texte des Thukydides herumkrabbeln, ihm so zu sagen Kammerdiener- und Baderdienste erweisen, um ihn eleganter zu machen, ihn waschen, ihm die Haare schneiden, die Nägel und Hühneraugen putzen u. s. w.

Auch der Aufsatz von *Herwerden* über Isäus (Mnem. N. s. vol. IX, pars IV, p. 380—399) ist kein Protest gegen dieses Urtheil. Ganz besonders stark ist der Genannte im Aufspüren von sogenannten Glossemen und Lücken; sehr gewöhnlich wird dabei der geneigte Leser ersucht, sich gefälligst die Gründe für die betreffenden Annahmen selbst zu denken, andere Male bemerkt *Herwerden* auch: «malim» oder «magis placet»; selten lässt er sich auf eine klare Begründung ein. Dies geschieht z. B. zu § 20; hier will er die ganze Stelle ἢ τότε μὲν .... ἀκλήρους ποιῆσαι τὸν ἑαυτοῦ streichen. Er meint nämlich, diese Worte würden der Sache des Sprechers nur geschadet haben, indem die Gegner ihm erwiedert hätten, man könne Alles erwarten von einem Menschen, der so thöricht und

---

[1]) ἵσϑ' ὅτε finde ich bei Isäus nirgends, er sagt statt dessen ἐνίοτε VI, 21.

[2]) ἑκάστοτε kommt VI, 21 nochmals vor, wird aber von *Scheibe* beanstandet. Die Stelle heisst: φοιτῶν γὰρ ὁ Εὐκτήμων ἐπὶ τὸ ἐνοίκιον ἑκάστοτε τὰ πολλὰ διέτριβεν ἐν τῇ συνοικίᾳ: hiezu bemerkt *Scheibe*, entweder müsse ἑκάστοτε oder τὰ πολλά gestrichen werden, weil letzteres nicht = perdiu, sondern = plerumque sei. *Scheibe* bemerkt also nicht, dass ἑκάστοτε zu φοιτῶν gehört und τὰ πολλά zu διέτριβεν. ἑκάστοτε heisst hier wie an so vielen andern Stellen: jedesmal, wenn die Gelegenheit sich bot, oder hier, wenn die Miethe fällig war.

[3]) Ueber C. G. *Cobet*'s Emendationen der attischen Redner, insbesondere des Isaios, Berlin 1882.

wahnsinnig (ab homine tam stolido ut vecordi) gewesen sei, dass er, um sich an seinem Gegner zu rächen, ein Mittel gewählt habe, durch das er in Wahrheit nur seine Verwandten, nicht aber diesen schädigte. Hierin irrt *Herwerden*; die Gegner hätten sich wohl gehütet, so zu raisonniren; denn hätten sie es gethan, so würden sie die Behauptung des Sprechers, welche unmittelbar vorausgeht (παράνοιαν αὐτοῦ τὴν μεγίστην οὗτοι κατηγοροῦσι) bestätigt und eben damit selbst erklärt haben, das Testament, welches ja zu ihren Gunsten lautete, sei ungültig, weil von einem Verrückten abgefasst.

In § 1 wird mit κατέλιπε geradezu vom Sprecher behauptet: Kleonymus hat uns sein Vermögen hinterlassen. Der Ausdruck ist cum grano salis zu verstehen; gemeint ist: Kleonymus hat sich so benommen, dass wir, auch ohne dass das vorhandene Testament zu unseren Gunsten lautet, dies behaupten dürfen. Ebenso ist § 3 und 43 ἔλυσε aufzufassen, wobei es freilich auffällt, dass im übrigen dann einmal über das andere das wirkliche Sachverhältniss anerkannt wird, § 14 ἀνελεῖν ἐβούλετο, 18 λῦσαι βουλόμενος, ἀνελεῖν βουλόμενος, 50 λῦσαι βουλόμενον. Wer sich dabei nicht beruhigen kann, muss in diesen zwei Stellen das Imperfect statt des Aoristes setzen; denn dass der Aorist wie das Imperfect vom Conat gebraucht werde, wie *Schömann* mit Berufung auf *G. Hermann* zu Soph. Ai. v. 1106 (1126) glaubt, müsste erst bewiesen werden. Die betreffende Sophoclesstelle lautet:
ME. δίκαια γὰρ τόνδ' εὐτυχεῖν κτείναντά με;
ΤΕΥ. κτείναντα; δεινόν γ' εἶπας, εἰ καὶ ζῇς θανών.
Dieser Stelle wohnt meiner Meinung nach gar keine Beweiskraft inne, denn wenn Menelaos den Ajax κτείναντα nennt, so will er damit nicht sagen, derselbe habe den Versuch gemacht, ihn zu tödten, sondern genau dasselbe, was er zwei Verse nachher mit den Worten ausspricht: τῇδε δ' οἴχομαι, und der Schol. bemerkt darum ganz richtig: κτείναντά με οὗον ἐφ' ἑαυτῷ. Mit dem Aorist sagt Menelaos aber unvorsichtiger Weise zu viel und dies wird ihm auch sofort von Teukros verwiesen. *Gottfr. Hermann*, der sich dagegen ausspricht, dass der Aorist für das Imperfectum gesetzt werden könne, bemerkt: Aiax fecerat id quod ei objicit Menelaus, non tantum voluerat facere, sed fecerat sine successu; wie sonderbar! Ajax hat den Menelaos getödtet, aber sine successu, das heisst doch einfach: er hat ihn getödtet, aber er hat ihn nicht getödtet.

Zu or. II.

Aus der zweiten Rede ersehen wir, dass die Gegner behauptet haben, der alte Menekles sei verleitet worden, die mittellose Schwester des Sprechers zu heiraten; als diese ihm keine Kinder schenkte, habe sie, um das Vermögen ihrer Familie zu sichern, ihn beschwatzt, ihren Bruder zu adoptiren. Es kann nun auf den ersten Blick auffallen und *Moy*, auf dessen feine Zergliederung der Isäischen Reden ich aufmerksam machen möchte, vergisst nicht, p. 154 es zu betonen, dass der Redner nicht, wie zu erwarten, den Nachweis führt, seine Schwester habe nach der Scheidung von Menekles auch allen Einfluss auf diesen verloren. Im Gegentheil wird nachgewiesen, dass Menekles sich aus reiner Liebe von seiner Gattin getrennt habe, damit dieselbe nicht in kinderloser Ehe mit ihm alt werde, sondern in einer andern Verbindung das vermisste Glück suche, §§ 7—9. Wozu diese Auseinandersetzung, welche ja gerade geeignet erscheinen könnte, die Behauptung der Gegner, Menekles habe πειθόμενος γυναικί den Bruder adoptirt, plausibel zu machen? *Moy* findet denn auch hier eine faiblesse des preuves; schwerlich mit Recht. Es kommt dem Sprecher gerade darauf an, nachzuweisen, dass Menekles ein treuer Freund seiner Familie gewesen sei, und aus dieser Freundschaft alle seine Handlungen, die Heirat, die Scheidung und endlich die Adoption selbst zu erklären. Menekles war ein Freund unseres Vaters, er blieb ein Freund auch von uns Kindern, darum hat er meine Schwester geheiratet, darum hat er sich von ihr getrennt, darum hat er auch mich adoptirt, er wollte eben ἐκ ταύτης τῆς οἰκίας υἱὸν αὑτῷ ποιήσασθαι, ὅθεν καὶ φύσει παῖδας ἐβουλήθη ἂν αὑτῷ γενέσθαι § 11. — Wenn also der Sprecher nachweisen wollte, dass seine Schwester nach ihrer Scheidung allen Einfluss auf Menekles verloren habe, so würde er nur gegen seine eigene Beweisführung zu Felde ziehen. Er hatte aber um so weniger nöthig, sich über das Verhältniss seiner Schwester zu Menekles nach ihrer Scheidung auszulassen, als, wie es scheint, die Gegner über den Zeitpunkt der Adoption sich so geäussert hatten, dass die Richter annehmen mussten, sie sei erfolgt, als die Trennung noch nicht vollzogen war. Dies ist zu schliessen aus § 19, wo der Sprecher die Thatsache erwähnt, dass die Adoption mehrere Jahre erst nach der Scheidung stattgefunden habe. Nun war es völlig genügend, dass er einfach, wie es in diesem Paragraphen geschieht, erwähnte, seine Schwester habe damals bereits Kinder gehabt, so dass, wenn Menekles auf ihr Zureden hin adoptirt hätte, er wohl einen von ihren beiden Söhnen gewählt haben würde.

In § 21 waren mir die Worte οὐχ οὕτως οὗτός ἐστι φιλοχρήματος zunächst in dem Zusammenhang, in welchem sie stehen, unverständlich. Will der Sprecher wirklich seinem Gegner dies Compliment machen? Es schiene doch psychologisch viel richtiger, dass die Begründung nicht von einer guten, sondern von einer schlechten Eigenschaft hergenommen würde: Passt es überhaupt in die Beweisführung, dass der Gegner als «nicht bis auf diesen Grad geldgierig» bezeichnet werde? ich glaube nicht; die Worte § 40 ἀφελέσθαι με ἀξιοῖ ταυτὶ τὰ λοιπά, οὕτως ὄντα μικρά (s. auch 46) klingen nicht so, als ob die φιλοχρηματία irgend geläugnet werden sollte, im Gegentheil erscheint der Gegner allerdings als habgierig, hat er es doch durch seine Machinationen dahin gebracht, dass Menekles des lieben Friedens wegen ihm beinahe sein ganzes Besitzthum abtreten musste (§ 27), so dass nicht der Sprecher, sondern eben der Gegner jetzt in Wahrheit der Erbe des Menekles ist (§ 35). So wird auch bei der Untersuchung der Frage, weshalb denn eigentlich der Gegner jetzt nach Menekles Tode die Rechtmässigkeit der Adoption bestreite, die Annahme, es sei ihm um das noch vorhandene Geld zu thun, nicht damit abgewiesen, dass er nicht geldgierig, sondern damit, dass so zu sagen nichts mehr vorhanden sei. Die Worte können also nicht ernst gemeint sein, sondern sind ironisch gesprochen. Der Sprecher meint demnach: mein Gegner wäre allerdings hiezu geldgierig genug gewesen. Diesen Gedanken hätte er aber meines Erachtens besser unterdrückt, da hier nachgewiesen werden soll, dass der Oheim jedenfalls seinen Sohn nicht zur Adoption hergegeben haben würde. Deswegen nun aber, weil der sarkastische Witz misslingt, an eine Interpolation zu denken, wäre verfehlt, ist doch der Witz am Ende von § 20 ebenfalls ungeniessbar genug. So ist es denn auch ganz unrichtig, dass *Herwerden*, Mnemos. 1881, p. 383 in § 18 die Worte καὶ ἔφη με χρῆναι γῆμαι, als seien sie eine inficeta adnotatiuncula, streicht; sie passen im Gegentheil vortrefflich zu dem schlichten Ton und der breiten Ausdrucksweise, der wir in dieser Rede begegnen, s. *Blass* Att. B. II. Abth., S. 501.

Naber verlangt gleich § 1 eine Umstellung in den Worten πειρᾶται τὸν ἀδελφὸν ἄπαιδα τεθνεῶτα καταστῆσαι. denn wie lächerlich wäre es doch zu sagen, fratrem τεθνεῶτα καταστῆσαι velle! — man solle schreiben τεθνεῶτα ἄπαιδα καταστῆσαι: *Blass* Jahresbericht 1880, Bd. 21, S. 189 gibt ihm Recht. Dass die Stellung so planer wird, will ich wohl zugeben, aber etwas Lächerliches finde ich an der überlieferten mit dem besten Willen nicht, denn auch bei ihr ist τεθνεῶτα eine attributive Bestimmung zum Object und braucht nicht mit *Naber* prädicativ gefasst zu werden.

Im Weitern spricht *Naber* über den Gebrauch des indirecten Reflexivums und gelangt dabei zu Resultaten, die mir so offenbar falsch erscheinen, dass ich darüber nicht viele Worte verlieren würde, wenn nicht *Blass* in der erwähnten Anzeige gerade diese Auseinandersetzungen als sehr gute besonders hervorhöbe und auch *Herwerden* fände, *Naber* habe rectissime über diese Sachen gehandelt. — Letzterer gibt, um es kurz zu sagen, den Gebrauch von αὑτοῦ, αὑτῆς als indirectem Pronomen reflexivum nicht zu, sondern verlangt überall statt desselben αὐτοῦ, αὐτῆς u. s. w. Hiezu kommt er auf folgendem Wege: er nimmt die Stelle II, 37 ἐμοὶ ἀνάγκη ἐστὶ πολλὴ βοηθεῖν τῷ τε πατρὶ τῷ ποιησαμένῳ με καὶ ἐμαυτῷ und sagt nun: convertamus ea verba in tertiam personam, habebimus: τούτῳ ἀνάγκη ἐστὶ πολλὴ βοηθεῖν τῷ τε πατρὶ τῷ ποιησαμένῳ αὐτὸν καὶ ἑαυτῷ. Diese Beweisführung ist falsch, denn bekanntlich lehrt die Grammatik, dass im Gebrauch des indirecten Reflexivums zwischen der dritten Person einer- und der ersten und zweiten Person andererseits ein Unterschied bestehe; die Formen ἐμαυτοῦ und σεαυτοῦ werden nur in Beziehung auf das Subject des Satzes angewendet, dem das Pronomen selber angehört, αὑτοῦ dagegen kann auch in abhängigen Sätzen stehen, wenn es sich auf das Subject des regierenden Satzes bezieht. Wenn also in der von *Naber* angeführten Stelle das Pronomen personale der ersten Person und nicht das Reflexivum steht, so ist das an sich noch kein Beweis dafür, dass bei anderer Fassung des Satzes nur αὐτοῦ und nicht αὑτοῦ gesetzt werden dürfte — oder jene Regel der Grammatik wäre falsch; dies aber auch nur für Isäus zu behaupten, verbietet die grosse Zahl von Stellen, welche sich der Regel fügen; ich will einige hieher setzen und zwar natürlich solche, in denen nicht blos Setzen oder Weglassen des Spiritus asper den Unterschied macht: I, 18 λέγοντες ὡς Κλεώνυμος μετεπέμπετο τὴν ἀρχὴν — — βουλόμενος — — βεβαιῶσαι ὑφίσιν αὐτοῖς τὴν δωρεάν, bei Anwendung der ersten Person würde der Satz lauten: ἐλέγομεν ὡς Κλεώνυμος μετεπέμπετο τὴν ἀρχὴν — — βουλόμενος βεβαιῶσαι ἡμῖν τὴν δωρεάν. Ferner § 22 ἵνα βεβαιώσῃ τὴν αὐτῶν δωρεάν, wo die Stellung des Pronomens für das Reflexivum spricht. II, 8. III, 24. 44. 63. 71. Weil es V, 5 heisst: βούλομαι ὑμᾶς καὶ παρ' ἐμοῦ τὰ πραχθέντα πυθέσθαι, erklärt *Naber*, griechisch sei nur βούλεται ὑμᾶς καὶ παρ' αὑτοῦ (nicht αὐτοῦ) πυθέσθαι, aber II, 27 z. B. ist zu lesen: ζητεῖ οὗτος τὸν ἀδελφὸν τὸν ἑαυτοῦ ἄπαιδα καταστῆσαι. Er muthet uns sogar zu, zu glauben — und *Blass* thut es — or. III, 46 werde unrichtig edirt: εἰσήγγελλες κακώσασθαι τὴν ἐπίκληρον ὑφέλκοντος καὶ ἄκληρον τῶν ἑαυτῆς πατέρων καθιστάμενην, es müsse τῶν αὐτῆς πατέρων geschrieben werden, aber bei Auflösung des Participiums ergibt sich ja der Satz: ἣ καθίσταιτο ἄκληρος τῶν ἑαυτῆς πατέρων. d. h. das Pronomen bezieht sich auf das Subject des eigenen Satzes.

Weil «improbum facinus non est καταγέλαστον», will *Naber* ferner im § 43 dies Adjectiv ersetzen durch ἐπονείδιστον: es scheint demnach, *Naber* habe jenes, wie *Schömann*, mit «lächerlich» übersetzt. Dass es vielmehr «verächtlich» heisst, bemerkt *Herwerden*; cf. auch *Hug* zu Pl. Symp. 189 B.

Trefflich ist dagegen die Emendation zu § 45, τοῖς ἅπασι τῶν ἀνθρώπων für τοῖς ἅπασι τοῖς ἀνθρώποις, während gleich nachher wieder ohne Bedenken behauptet wird: in extrema oratione § 46 solœcum est τυγχάνῃ, optativus requiritur. Die Stelle lautet: ἐποιήσατο υἱὸν ἑαυτῷ, ἵνα τούτων ἁπάντων τυγχάνῃ. Auch hier soll also die griechische Grammatik wieder um eine Freiheit ärmer gemacht werden; doch siehe in derselben Rede: § 28 διακώλυει τὸ χωρίον πραθῆναι, ἵνα κατοικήσιμον γένηται καὶ ἀναγκασθῇ τῷ ὀργεῶνι ἀποδοῦναι. § 29 ἔδοξεν ἡμῖν χρῆναι, ἵνα μή ποτε εἴπῃ τις und 36 ἐθέμην τὸ ὄνομα τὸ ἐκείνου, ἵνα μὴ ἀνώνυμος ὁ οἶκος αὐτοῦ γένηται; ferner VIII, 10.

Zu or. III.

Der Thatbestand, welcher der schwierigen Rede über die Erbschaft des Pyrrhus zu Grunde liegt, ist nach der Darstellung des Sprechers kurz folgender:

Endios, der Schwestersohn des Pyrrhus, war von diesem testamentarisch zum Erben eingesetzt worden, ohne zu gleicher Zeit zum Gatten der Tochter desselben, Phile, bestimmt zu werden. Damit hatte sich Pyrrhus nach attischem Recht gegen die Legitimität der Phile erklärt. Nachdem nun auch Endios, zwanzig Jahre später, gestorben war, und seine Mutter als Schwester des Pyrrhus sich das Erbe zusprechen lassen wollte, legte Xenokles, der Gatte der Phile, eine Diamartyrie für diese ein, indem er behauptete, sie habe als eheliche Tochter das nächste Recht auf die Erbschaft des Pyrrhus. Die Richter verurtheilten ihn jedoch als falschen Zeugen und bestätigten somit ihrerseits die Illegitimität der Phile. Nun hatte aber der Oheim derselben, ein gewisser Nikodemus, als Zeuge die Aussage gemacht, dass seine Schwester das rechtmässige Weib des Pyrrhus gewesen sei. Darum wird er, vor andern Richtern, wegen falschen Zeugnisses belangt, und die dritte Rede des Isäus ist eben die Anklagerede gegen diesen Nikodemus.

Die Rede ist nach manchen Seiten hin wichtig, sie bietet aber auch dem vollen Verständniss sehr erhebliche Schwierigkeiten. Ich möchte mich im Folgenden namentlich über einen controversen Punkt aussprechen. H. Bürmann vertritt nämlich in seiner scharfsinnigen Untersuchung über den legitimen Concubinat der Athener und in derjenigen über die rechtliche Stellung der νόθοι[1]) die Ansicht, Nikodemus habe behauptet, seine Schwester sei dem Pyrrhus nicht als δάμαρ, sondern als παλλακή verlobt worden; es verdrehe also der Sprecher der Rede das Zeugniss des Nikodemus, als habe dieser ausgesagt, die Mutter der Phile sei durch Ehe mit Pyrrhus verbunden gewesen. Gegen diese Auffassung hat Adolf Philippi in einer Besprechung der drei Studien[2]) gewichtige Bedenken geäussert. Das Folgende ist bestimmt, die Unrichtigkeit der Ansicht Bürmann's näher nachzuweisen. — Derselbe geht aus von den Worten in § 79: δῆλον γὰρ ὅτι, εἰ ἐπείσθη ἐγγυήσασθαι, ἐπείσθη ἂν καὶ γαμηλίαν ὑπὲρ αὐτῆς τοῖς φράτορσιν εἰσενεγκεῖν. Aus diesem Schlusse des Sprechers ergibt sich, dass Nikodemus nur die ἐγγύησις, nicht auch den Vollzug des γάμος behauptet hatte. Bürmann l. c. 578. Nun ist nach bisheriger Auffassung der γάμος nur das Accessorium der ἐγγύησις, es konnte darum auch der Schluss des Sprechers als ein berechtigter angesehen werden. Nach Bürmann dagegen liegt in demselben der Versuch einer groben Täuschung der Richter, insofern als der

---

[1]) IX. Supplem.-Bd. der Jahrbücher für class. Philol. u. Pädag. N. F.
[2]) Ebenfalls in den Jahrbüchern, 1879 S. 415 ff.

γάμος das Charakteristicum der Ehe gegenüber der legitimen παλλακία sei, welche ihrerseits durch die allein von Nikodemus behauptete ἐγγύησις constituirt werde. Treffend bemerkt hiegegen bereits *Philippi*, dabei komme man dazu, einem Mann wie Isäus einen ganz ausserordentlich plumpen Kunstgriff zu insinuiren, der nicht auf Erfolg hätte rechnen können, man möge sich die Geschworenen auch noch so beschränkt vorstellen. Wie richtig dieser Einwand ist, wird das Folgende zeigen.

Zunächst haben wir es mit § 39 zu thun, zu welchem *Bürmann* auf p. 574 bemerkt: «der Redner erklärt hier, die Verbindung ἐπὶ παλλακίᾳ beruhe ganz ebenso allgemein, wie die Ehe auf einem Vertrage mit dem κύριος der Frau; damit ist — da die ἐγγύησις ihrem Wesen nach nichts weiter ist als die durch den κύριος der Frau vor Zeugen vollzogene formelle Uebergabe derselben an den Mann — indirect wiederum ausgesprochen, dass auch die (bürgerliche) παλλακή ihrem Aushalter verlobt wurde.» Dieser Bemerkung *Bürmann's* liegt eine falsche Interpretation der betreffenden Stelle zu Grunde; dieselbe lautet: καὶ οἱ ἐπὶ παλλακίᾳ διδόντες τὰς ἑαυτῶν πάντες πρότερον διομολογοῦνται περὶ τῶν δοθησομένων ταῖς παλλακαῖς. Νικόδημος δὲ ἐγγυᾶν μέλλων, ὥς φησι, τὴν ἀδελφὴν τὴν αὑτοῦ μόνον τὸ κατὰ τοὺς νόμους ἐγγυῆσαι διεπράξατο; Aus diesen Worten herauszulesen, dass das ἐπὶ παλλακίᾳ διδόναι auf Grund einer ἐγγύησις geschehe, ist unmöglich; im Gegentheil wird deutlich gesagt, dass das ἐγγυᾶν etwas ganz anderes sei, als das διδόναι ἐπὶ παλλακίᾳ, insofern die, welche letzteres thun, mit Νικόδημος ἐγγυᾶν μέλλων in Gegensatz gebracht werden. Es wird also hier nicht ausgesprochen, «dass auch die (bürgerliche) παλλακή ihrem Aushalter verlobt wurde», sondern gerade umgekehrt wird gesagt, dass bei der Ueberlassung ἐπὶ παλλακίᾳ eine Verlobung nicht stattfinde, dass vielmehr nur eine Vereinbarung darüber getroffen werde, was der παλλακή gegeben werden solle. — Dieselbe falsche Auffassung kehrt p. 576 wieder, wo *Bürmann* schreibt: die Ausführungen in § 39 und § 28 f. können nur dahin verstanden werden, dass der Sprecher seinem Gegner vorhält, er müsse, obwohl er seine Schwester nur als παλλακή verlobt haben wolle, dennoch nachweisen können, dass sie eine Mitgift erhalten habe u. s. w.; aber auch § 28 und 29 wird Nikodemus gerade als einer bezeichnet, der behauptet, seine Schwester nicht als παλλακή weggegeben, sondern sie verlobt zu haben. Ausserdem scheint *Bürmann* sich selbst zu widersprechen; denn wenn er auf der einen Seite sagt, der Sprecher schiebe dem Nikodemus die Behauptung unter, er habe seine Schwester dem Pyrrhus als Gattin verlobt, so darf er schon deshalb § 39 nicht mehr dahin auffassen, als halte der Sprecher seinem Gegner vor, er müsse, obwohl er seine Schwester nur als παλλακή verlobt haben wolle, dennoch nachweisen können, dass sie eine Mitgift erhalten habe.

Falsch muss es daher auch sein, wenn *Bürmann* die Worte von § 39 καὶ οἱ ἐπὶ παλλακίᾳ διδόντες τὰς ἑαυτῶν πάντες πρότερον διομολογοῦνται περὶ τῶν δοθησομένων ταῖς παλλακαῖς dahin versteht, dass der Sprecher mit denselben nur auf das in § 28 und 29 Gesagte zurückweise. p. 579: denn der Fall, den jene Worte setzen, lässt sich mit dem in § 28 angenommenen — εἰ δ' ἐπιθυμίαν τὴν ἐγγύην ὁ θεῖος ἡμῶν ἐποιεῖτο τῆς τοιαύτης γυναικός κτέ — deshalb nicht identificiren, weil in ersterem die ἐγγύησις, wie soeben gezeigt, ausgeschlossen ist. Aber auch für sich allein betrachtet nöthigen die angegebenen Worte keineswegs, sie auf den concubinatus legitimus zu beziehen: auch ein γάμος kann δι' ἐπιθυμίαν geschlossen werden und die Ansicht *Bürmann's* p. 580 — eine Ehe habe nur nach gütlicher Uebereinkunft beider Theile durch eine Anzeige beim Archon oder aber auf eine eingeleitete Klage hin durch Richterspruch getrennt werden können, wonach die Worte § 28 ἵνα μὴ ἐπ' ἐκείνῳ γένοιτο ῥᾳδίως ἀπαλλάττεσθαι, ὁπότε βούλοιτο, τῆς γυναικός zu Gunsten der *Bürmann*'schen Auffassung, es werde von Nikodemos nicht der γάμος, sondern nur der legitime Concubinat behauptet, gedeutet werden — diese Ansicht wird, so weit sie auf unsere Frage Bezug hat, von *Platner* (der Process und die Klagen bei bei den Attikern, II, p. 270 f.), welchen *Bürmann* citirt, sehe ich recht, eher bestritten als gut geheissen. Es fragt sich nämlich hier nur, ob es dem Manne möglich war, sich ohne Schwierigkeit von seiner Frau scheiden zu lassen; hierüber sagt *Platner*, p. 271: «Die Stellen, welche verstossener Frauen gedenken, beweisen zwar so viel, dass Männer ihre Frauen ohne Vermittelung des Gerichts fortschickten, aber nicht, dass sie dies ohne Gründe thun konnten». Und so erklärt er das ῥᾳδίω; an unserer Stelle dahin, «dass die Trennung von der Frau zwar keine Schwierigkeiten auf sich habe, aber doch wohl nicht ganz grundlos sein dürfe». Richtiger ist übrigens die Erklärung von *Schömann:* quippe quum nulla dotis reddendae necessitas eum a divortio revocare posset.

Wenn wir nun also auch zugeben, dass *Bürmann* mit Recht aus § 79 schliesst, Nikodemus habe nur behauptet, seine Schwester sei ἐγγυητή gewesen, nicht aber γαμετή, so müssen wir doch nothwendig annehmen, dass für den Sprecher und die Richter der γάμος nur die selbstverständliche Folge der ἐγγύησις gewesen wäre und dass also in dem Schlusse von § 79 keine plumpe Verdrehung vorliege.

Ferner entbehrt nun aber auch die *Bürmann*'sche Ansicht, dass der Sprecher die ganze Streitfrage fälsche, an sich jeder Wahrscheinlichkeit. Man sehe doch nur, wie ganz offenbar von Ehe und Verehelichung die Rede ist — um von andern Stellen abzusehen — in § 4 ὅς γε [Νικόδημος;] ἐτόλμησε μαρτυρῆσαι ἐγγυῆσαι τῷ θείῳ τῷ ἐμετέρῳ τὴν ἀδελφὴν τὴν ἑαυτοῦ γυναῖκα εἶναι κατὰ τοὺς νόμους, in den §§ 8 und 9, wo nach der Mitgift gefragt ist, welche die Phile bekommen habe und vorausgesetzt wird, dass sie im Hause des Pyrrhus gewohnt haben müsste. Und § 14 καίτοι οὐ δή, πού γε ἐπὶ γαμετὰς γυναῖκας, οὐδεὶς ἂν κωμάζειν τολμήσειεν. Wie könnte der Sprecher so reden, wenn das angegriffene Zeugniss des Nikodemus, welches er § 7 verlesen lässt, gar nicht behauptet hätte, die Phile sei die γυνή des Pyrrhus gewesen? Wäre diese Kampfweise, abgesehen von ihrer Schamlosigkeit, nicht geradezu sinnlos gewesen? Auch ist es, scheint mir, desshalb nicht weiter auffallend, dass Nikodemus in seiner μαρτυρία nur von der ἐγγύησις gesprochen und nicht auch vom γάμος, weil bei der ἐγγύησις, falls sie überhaupt wirklich stattgefunden hatte, er selbst handelnd betheiligt war, während bei dem γάμος er, wenigstens ex officio, nichts zu thun hatte.

Bürmann macht in der dritten Studie von p. 638 an den Versuch, die Behauptungen des Sprechers eine nach der andern als nicht stichhaltig zu erweisen. In der Hauptsache stützt er sich auf seine eben besprochene Ansicht, dass derselbe die μαρτυρία des Nikodemus fälsche; von dieser Annahme aus erscheint allerdings manches, was der Sprecher sagt, als unerheblich, um so weniger ist eben, scheint mir, dieser Annahme zu trauen. Manche Ausstellungen *Bürmann*'s halte ich aber auch an sich für unberechtigt. Er findet p. 639, da der Redner mit den Worten § 39 μόνον τὸ κατὰ τοὺς νόμους ἐγγυῆσαι διαπράξαιο selbst anerkenne, dass zur Verlobung die Mitgift nicht nothwendig sei, so genüge das, um seinen weitern Behauptungen den Boden zu entziehen. «Die Frage § 36: τί γὰρ ἔμελλεν ἤγελως εἶναι αὐτῷ τῆς ἐγγύης, εἰ ἐπὶ τῷ ἐγγυωμένῳ ἐκπέμψαι ὁπότε βούλοιτο τὴν γυναῖκα ἦν; hat gar keine Berechtigung mehr.» Ich kann dies nicht zugeben. Die Frage hat ihre Berechtigung, weil der Sprecher von der Ansicht ausgeht, Nikodemus verstehe sich auf seinen Vortheil, ja er sei habgierig (s. § 39 ὅς ἐπ' ὀλίγῳ ἀργυρίῳ, οὗ ἐπιθυμῶν λέγει πρὸς ἡμᾶς, ὑφόρμα βούλεται πονηρὸς εἶναι; da er dies sei, meint der Sprecher, so müsste er bei der ἐγγύησις nothwendig eine der Phile anzurechnende Mitgift ausbedungen haben, damit für den Fall, dass sie stürbe ohne Kinder zu hinterlassen — wie nach § 36 zu erwarten — er ihr Erbe würde. Diese Behauptung klingt so unwahrscheinlich nicht und der Sprecher war darum wohl berechtigt sie aufzustellen. — *Bürmann* hält ferner die Verdächtigung der gegnerischen Zeugenaussagen (§§ 18—34) für misslungen. Er bemerkt, wenn wirklich Pyretides, wofür kein Zeugniss beigebracht werde, seine $\dot{\varepsilon}\pi\iota\mu\alpha\varrho\tau\upsilon\varrho\dot{\iota}\alpha$ nicht anerkannt habe, so sei es wohl möglich, dass er inzwischen sich habe bestimmen lassen, dieselbe zu verläugnen. Unanfechtbar sei dagegen das Zeugniss der Oheime. Allein mit ebenso viel Recht kann man behaupten, das Zeugniss der Oheime könnte falsch sein, denn diese fanden höchst wahrscheinlich ihren Vortheil dabei, wenn des Endius Mutter den Process verlor; gewann sie den Process, so hatten sie nichts zu erwarten, verlor sie ihn, so erhielten sie wohl von Xenokles für ihr Zeugniss einen bestimmten Lohn. — Ebensowenig stringent ist nach *Bürmann* der Beweis für die Illegitimität der Phile, welchen der Sprecher der Thatsache entnimmt, dass Endius diese nicht selber geheiratet habe, wozu nach dem Gesetz der Adoptivbruder einer vorhandenen $\dot{\varepsilon}\pi\dot{\iota}\kappa\lambda\eta\varrho\circ\varsigma$ vorpflichtet war. *Bürmann* hält es für wohl glaublich, dass die Partei der Phile gegen das Versprechen einer spätern angemessenen Ausstattung derselben den Anspruch auf die Heirat gutwillig habe fallen lassen. Es lässt sich leicht zeigen, dass diese Auffassung unrichtig ist; denn wäre sie es nicht, so müsste entweder die Phile, als sie sich mit Xenokles verheiratete, angemessen ausgestattet, oder es müsste, wenn dies nicht geschah, von der Partei der Phile Beschwerde geführt worden sein. Nun war aber die Ausstattung ganz und gar nicht angemessen, sie betrug nicht einmal $\tau\grave{o}$ $\delta\acute{\iota}\kappa\alpha\iota\sigma\nu$ $\mu\acute{\varepsilon}\varrho\circ\varsigma$, weshalb der Sprecher eben aus dem Umstand, dass Xenokles gegen eine solche Behandlung in den acht Jahren, während welcher er mit Phile verheiratet war, nie Opposition machte, einen weitern Beweis für die zugestandene Illegitimität der Phile ableitet § 49, 51. — Ebenso wenig überzeugt mich *Bürmann* mit seiner Annahme einer ferneren Verdrehung einer gegnerischen Behauptung durch den Sprecher. *Bürmann* sagt nämlich, dieser wolle die Richter glauben machen, Xenokles habe die Adoption überhaupt in Abrede gestellt, während derselbe in Wahrheit blos die Adoption bei Lebzeiten angegriffen habe. Wir müssen also auch hier wieder glauben, dass Isäus zu einem plumpen Kunstgriff seine Zuflucht nehme und zwar so, dass er sich nicht einmal bemühe, diese Rabulisterei ein wenig zu verhüllen. Während die Gegner die Adoption bei Lebzeiten zugeben und nur die durch das Testament angreifen, lässt Isäus den Sprecher § 60 sagen: $\emph{ὅσοι}$ $\emph{δὲ}$ $\emph{διαθή}$-$\emph{καις}$ $\emph{αὐτοὶς}$ $\emph{υἱοποιοῦνται}$ $\emph{κτλ.}$, Worte, die auch den einfältigsten Richter über die versuchte Bauernfängerei hätten aufklären müssen. Ebenso ist bei *Bürmann's* Auffassung die Wendung in § 60 schwer zu begreifen, wo der Redner die Richter auffordert, sie sollten, wenn etwa die Gegner vorgeben würden, dass Phile wegen der Adoption des Endius nicht Gegenstand eines richterlichen Zuspruches habe sein können, dieselben fragen, $\emph{εἰ}$ $\emph{ὁμολο}$-$\emph{γοῦντες}$, $\emph{ὑὸν}$ $\emph{τοῦ}$ $\emph{Ἐνδίου}$ $\emph{ποιῆσαι}$ $\emph{ὑπὸ}$ $\emph{τοῦ}$ $\emph{Πύρρου}$ $\emph{γενέσθαι}$ $\emph{ἐπισκημμένοι}$ $\emph{εἰσὶ}$ $\emph{τοῖς}$ $\emph{ψευδομαρτυρί}$-$\emph{οις}$ $\emph{ταῦτα}$. Hier sagt der Sprecher ganz deutlich: die Gegner können ihr Thun doch nicht mit der Annahme der Adoption erklären wollen, da sie gerade gegen diese eine Anklage $\emph{ψευδομαρτυρίαν}$ eingelegt haben. Hätten die Gegner blos die testamentarische Adoption bestritten, dagegen die bei Lebzeiten behauptet, so müsste auch bei dieser Wendung selbst der beschränkteste Richter stutzig geworden sein und die plumpe Verdrehung des Thatbestandes gemerkt haben.

§ 6. Nachdem *Reiske* Anstoss genommen an den Worten τῆς ἀμφισβητούσης γνησίας θυγατρὸς Πύρρῳ εἶναι, hat *Schömann* mit Verweisung auf *Dem.* 34, 4 (ἐὰν δέ τις γενέσθαι μὲν ὁμολογῇ, ἀμφισβητῇ δὲ ὡς πάντα πεποίηκε τὰ συγκείμενα) die Möglichkeit einer solchen Construction von ἀμφισβητεῖν nachgewiesen, verdächtig aber bleibt die Lesart immer. Vergleiche ich III. 30. 73. 79 τὴν ἐκ ταύτης ἀπογενηθεῖσαν θυγατέρα ὡς γνησίαν οὖσαν αὐτῷ, so wird mir wahrscheinlich, dass ἀμφισβητούσης verschrieben sei aus ἀπογενηθείσης.

§ 15 καὶ ὅτι οὐδ' ἐξ ἑνὸς ἄλλου φαίνεται τεκοῦσα. Mit diesen Worten soll nach *Schömann*, dem *Sauppe* epist. crit. p. 90 und jetzt auch *Moy* p. 163 beistimmen, der Verdacht ausgesprochen sein, dass Phile ein untergeschobenes Kind gewesen sein dürfte, ein Verdacht, der deshalb nur beiläufig ausgesprochen werde, weil er sich nicht in sicherer Weise begründen lasse. Mir will diese Vermuthung nicht einleuchten. Denn was könnte eine solche Verdächtigung bezwecken der Thatsache gegenüber, dass Pyrrhus die Phile als sein Kind anerkannt hatte? *Schömann* sieht freilich dieselbe Verdächtigung noch in § 30: τῆς θυγατρὸς ἀπογενηθείσης εἶναι und § 73 τὴν θυγατέρα τὴν ἐκ ταύτης ἀπογενηθεῖσαν εἶναι; täusche ich mich aber nicht, so ist in diesen beiden Stellen θυγάτηρ im Sinn von γνησία θυγάτηρ gesetzt, wie denn der Sprecher sagt § 2 γνησία θυγάτηρ φάσκουσα εἶναι, ähnlich § 5 und 6; und wirklich ist ja das eben die Streitfrage, ob sie blos eine natürliche oder aber eine legitime Tochter des Pyrrhus sei, und nur dies letztere bestreitet in der ganzen Rede der Sprecher. Darum wird auch § 34 θυγατρὸς ὡς φασι wiederum nur auf die Behauptung der Legitimität zu beziehen sein. Ebenso verhält es sich mit den Worten § 52 ἣν φησιν ἀδελφιδῆν Νικόδημος εἶναι αὐτῷ, welche *Schömann* auch für seine Ansicht hätte anführen können; auch in dieser Stelle darf man nicht einen Zweifel daran ausgesprochen sehen, ob wirklich die Phile eine Nichte des Nikodemus sei; die Worte heissen nichts anderes denn: als Kind einer Hetäre verheiratete Endius die, welche nach der Angabe des Nikodemus eine legitime Tochter seiner Schwester war; und diese Worte geben nur die Antwort auf die Frage von § 45: ἐπίτρεψας, ἄν, ὦ Νικόδημε, τὴν ἐκ τῆς ἐγγυητῆς τῷ Πύρρῳ γεγενημένην ὡς ἐξ ἑταίρας ἐκείνῳ οὖσαν ἐγγυᾶσθαι; alles dreht sich auch hier nur um die Frage, ob das Mädchen legitim war, oder nicht, daher § 40 ὦ Νικόδημε, εἰ ἦσθα ἐγγυηκὼς τῷ Πύρρῳ τὴν ἀδελφὴν καὶ εἰ ᾔδεις ἐξ αὐτῆς θυγατέρα γνησίαν καταλειπομένην, κτλ. cf. § 44; darum ist denn auch sonst immer nur ganz einfach von seiner ἀδελφιδῇ die Rede, ohne jenen allerdings leicht misszuverstehenden Zusatz ὥς φασι, §§ 33, 41, 45, 48 etc. Was soll nun aber die Wendung in § 15 (und die Aufforderung in § 79, womit natürlich auf § 15 zurückgegriffen wird)? Ich glaube, es soll damit bereits die Grundlage gewonnen werden für das Raisonnement, das dann in § 36 deutlich wird: der Sprecher will die Lügenhaftigkeit der Behauptung des Nikodemus, dass seine Schwester die legitime Gattin des Pyrrhus gewesen sei, nachweisen: er thut es, indem er zunächst bezeugen lässt, dass sie eine ἑταίρα gewesen, dann aber auseinandersetzt, wie zu einer ἐγγύησις Nikodemus jedenfalls nicht blos einen Zeugen mitgenommen haben würde; ferner aber kommt er des Längern auf den Umstand zu sprechen, dass keine προῖξ festgesetzt sei und hier sagt er nun, da Nikodemus wusste, dass seine Schwester trotz ihres vielfachen Verkehrs mit Männern stets ἄτοκος war § 36, so hätte er ja beim Abschluss des Ehevertrags in seinem eigensten Interesse darauf bestehen müssen, dass eine Mitgift angesetzt werde, weil, wenn seine Schwester ohne Kinder starb, jene dann an ihn gefallen wäre. So gefasst scheinen die Worte nicht nur einen guten, sondern den im Zusammenhang durchaus nothwendigen Sinn zu geben.

§ 24. Hier wird man *Scheibe* Recht geben müssen, wenn er die auch von *Bekker* und *Schömann* gebilligte Conjectur von *Reiske* ᾧ γε statt ὥστε nach καὶ πῶς nicht angenommen hat; denn wenn auch ᾧ γε zur Noth sich halten liesse, wie *Schömann* nachweist, so wird man es doch angesichts des vorausgehenden Pluralis οὗτοι, besonders aber des folgenden Relativsatzes ὃν ὁ Ξενοκλῆς ἔγγυε mit mehr Recht ablehnen. Siehe hierüber und über das von *Meutzner* vorgeschlagene οἷς γε *Scheibe*, comment. crit. de Isæi orat. (Progr. des Vitzthum'schen Gymn. 1859, p. 26). *Scheibe* selbst betrachtet ὥστε als aus dem vorausgehenden ὥστε irrthümlich eingesetzt und wollte es einfach streichen, während er in seiner Textausgabe eine tiefere Corruptel argwöhnt. Mir scheint ὥστε unter Einwirkung des vorausgehenden ὥστε aus ὁπότε verdorben zu sein; dieses ὁπότε in der Bedeutung von quandoquidem ist isäisch, cf. § 12. II, 39. IV, 14. Auch ὅπου gebraucht Isäus in diesem Sinn § 11. 35, doch ist jenes den Schriftzügen nach näher liegend.

§ 34. Xenokles hatte seiner Frau, als er für sie Anspruch auf die Erbschaft des Pyrrhus erhob, den Namen Phile gegeben, die Oheime der letztern aber in ihrer μαρτυρία sie Klitarete nach der Grossmutter genannt. Ueber diesen Widerspruch macht sich der Sprecher lustig[1]), indem er, seine Verwunderung darüber ausspricht, dass der Mann, der nun schon mehr als acht Jahre verheiratet sei, den Namen seiner Frau nicht kennen solle; die Sache werde wohl den Zusammenhang haben, dass der Name Κλειταρέτη erst, nachdem Xenokles die Klage wegen der Erbschaft eingereicht, erfunden worden sei. Denn es wäre doch unmöglich, dass die Oheime des Pyrrhus sich so genau hätten erinnern sollen, wie das Kind beim Geburtsfest genannt worden sei, während dagegen οἱ οἰκειότατοι τῶν ἁπάντων ὁ πατὴρ καὶ ὁ θεῖος καὶ ἡ μήτηρ οὐκ ἂν ᾔδει τὸ ὄνομα τῆς θυγατρός, ὥς φασι, τίς αὐτοῦ. Hier hat *Dobree* ἀνήρ für πατήρ verlangt und *Schömann* ist derselben Ansicht, *Sauppe* dagegen in der epist. crit. p. 90 vertheidigt die Lesart der Handschriften, welche auch *Scheibe* beibehält, mit den Worten: orator ita argumentatur: Xenoclis uxor semper et a patre et ab avunculo Nicodemo et a matre Phile dicta est, hi igitur omnes non meminerant, nomen ei Clitaretae, cum nasceretur, inditum esse, hoc soli non obliti sunt Pyrrhi avunculi. Das ist kaum ganz richtig. Denn welchen Namen der Vater dem Kinde gegeben hat, das ist eben die Frage; die Oheime behaupten freilich, er habe es Klitarete genannt (μεμνημένοι ὅτι Κλειταρέτην ὁ πατὴρ ἐν τῇ δεκάτῃ ὠνόμηνεν), die übrigen Verwandten dagegen kennen nur den Namen Phile. Der Sprecher kann aber nicht, wie von der Mutter und vom Oheim, so vom Vater, als wäre es von diesem wie von den ersteren erwiesen, so ohne weiteres behaupten, er habe sie Phile genannt. Denn darüber steht eben nichts fest und lässt sich nichts mehr constatiren, da derselbe schon vor mehr als zwanzig Jahren gestorben ist. Also wird in πατήρ ein Fehler stecken und da kann denn natürlich kein Zweifel sein, dass wir ἀνήρ schreiben müssen, das nun sehr gut sich hier einreiht. Es war nach der bisherigen Lesart auffallend, dass πατήρ von μήτηρ durch das Dazwischentreten von θεῖος getrennt wurde, setzen wir nun ἀνήρ an die Stelle von πατήρ, so wird diese eigenthümliche Erscheinung beseitigt und wir gewinnen für das unpassende πατήρ den Begriff, den wir in diesem Zusammenhang überhaupt nicht leicht entbehren können und der nach § 31 (ἀνήρ — μήτηρ — θεῖος) hier gefordert werden muss. Selbstverständlich ist, dass αὐτῆς für αὐτοῦ, welches *Sauppe* verlangte, jetzt unumgänglich nothwendig wird.

Naber findet wie überall, so auch in der dritten Rede eine Menge von Glossemen auszumerzen, in der Regel ohne mich zu überzeugen; das Schlimme ist eben, dass

---

[1]) § 30 erkläre ich δεινῶς ἀγανακτῶ nicht mit *Schömann*: „es empört mich im höchsten Grade", sondern etwa: „es thut mir wirklich recht leid"; ich halte nämlich die Worte für ironisch gemeint.

gewöhnlich stattfindet, was er zu III, 10 bemerkt: id non intelligitur quam causam interpolandi sciolus habuerit; in solchen Fällen wäre aber etwas mehr Vorsicht rathsam; die Worte ᾗ, ὅσοι ἐκεῖνος ἡγνώσκοντος ἐπλησίαζον αὐτῇ, sind nicht mit *Naber* zu streichen («Stulta admodum interpolatio est»), denn sie passen sehr gut zur Ironie der Stelle; gesagt soll ja nur werden, die Schwester meines Gegners, welche eine rechtmässige Ehefrau gewesen sein soll, war von jeher und zu allen Zeiten ἑταίρα τοῦ βουλομένου, § 15.

Zu or. IV.

§ 4. Da in den Worten αὐτά; τι γὰρ ἔλαχε τοῦ Σμίκρου Νικόστρατος, τούτως δὲ τοῦ Θρασυμάχου λαχόντι παρακατέβαλεν die Ergänzung des weiter oben stehenden κλήρου wegen der grossen Entfernung unzulässig ist, so wäre hier eine Construction des verbums λαγχάνειν anzunehmen, die nirgends vorkommt und auch nicht zu erklären ist. Zu λαχεῖν in dem hier vorliegenden juristischen Sinn kann Genitivobject nur der Besitz sein, um den sich der Rechtsstreit dreht. Das Wort, welches eigentlich «erlangen» bedeutet, heisst dann weiter diejenige Handlung unternehmen, vermittelst welcher erlangt wird (nämlich die Erbschaft), und da dies durch einen Antrag beim Archon geschah, so heisst (λῆξιν) λαγχάνειν einen solchen Antrag stellen, s. *M.* und *Sch.* p. 598. Es ist darum in obiger Stelle beidemale vor dem Artikel τῶν einzuschieben, s. τῶν Νικοστράτου §§ 1. 7. 10. 21. 29.

§ 7. Οὐκ ἐκ τούτων δὲ μόνον γνοίη᾽ ἄν ὅτι ἄλλοι τινές εἰσιν οἱ ταῦτα ἐπὶ τουτουσὶ ἐπάγοντες, ἀλλὰ καὶ ἐκ τῶν κατ᾽ ἀρχὰς γεγενημένων. Diese Behauptung ist falsch. Einmal nämlich geht aus dem Vorhergehenden mit nichten hervor, dass hinter den ἀντίδικοι noch ἄλλοι τινές stecken; denn es ist mit keinem Worte angedeutet und aus gar nichts Vorhergehendem zu erkennen, weshalb erstere nicht von sich aus auf eine solche Kampfweise hätten kommen können. Ferner aber scheint auch das, was im Folgenden erzählt wird, keineswegs geeignet, die Erkenntniss herbeizuführen, dass Chariades und seine Leute nicht selbständig handelten. Vielmehr zeigt das Weitere nur, dass schon eine Reihe sykophantischer Anschläge auf die zwei Talente des Nikostratus gemacht sind und man daraus allenfalls — und das wünscht der Sprecher natürlich durch seine Ausführung der einzelnen Fälle zu erreichen — die Ansicht gewinnen könne, es dürfte dieser Chariades ebenso wenig berechtigte Ansprüche haben, wie die Personen, welche bisher vom Gerichte abgewiesen worden sind. Man kann nun freilich bei dieser Rede, die ein ἐπίλογος ist und eben deshalb auf Manches nicht einzugehen und Manches nur anzudeuten braucht, was die vorausgehende Rede des Hagnon bereits hinreichend behandelt hat, nicht erwarten, dass uns Alles völlig klar gemacht werde, die wir Hagnon's Rede nicht beiziehen können; aber das darf man verlangen, dass, was vorgebracht wird, nicht an sich unrichtig sei. Der angeführte Satz ist es aber und es muss darum hier ein Fehler der Ueberlieferung vorliegen. Täusche ich mich nicht, so ist ἄλλοι τινές aus ἀδικοῦντες[1]) verdorben. Nachdem der Sprecher den Grund, weshalb die Gegner den Vater des Nikostratus nicht Thrasymachus, sondern Smikrus nennen, darin erkannt hat, dass sie beabsichtigen, durch die nunmehr nöthig werdende Widerlegung der Partei des Sprechers möglichst viel von der ihnen zum Reden eingeräumten Zeit wegzunehmen, so darf er nun wohl fortfahren: ἐκ τούτων γνοίη᾽ ἄν u. s. w. Zu derselben Erkenntniss können die Richter aber auch durch

---

[1]) III, 48 ἐτεκμηρίωσα ἄν τὸν ἀδικοῦντα; V, 8 zur Umschreibung: § 58 τετελευτηκὼς ἦν.

das Folgende gelangen. Diejenigen, welche früher Anspruch auf das Erbe des Nikodemus machten, zu denen ja Chariades auch gehört, haben ähnlich geartete Ränke ins Feld geführt.

§ 14. Die Worte ἀλλὰ μὴν — πιστεῦσαι in § 15 könnten ohne Schaden gestrichen werden, da der Gedanke, dass ein Verrückter kein gültiges Testament machen könne, doch gleich nachher in § 16 wieder vorgebracht wird, und die beiden Schnittflächen sich trefflich an einander anschliessen würden. Indessen ist Abrundung überhaupt kein Vorzug dieser Rede und andrerseits sollen ja hier die Schwierigkeiten ausgemalt werden, welche vom Richter zu bewältigen sind, wenn er über die Berechtigung von Ansprüchen zu urtheilen hat, die κατὰ δόσιν erhoben werden. Unverständlich bleiben mir aber die Worte ἀντιλεγόντων — πιστεῦσαι. Der Redner sagt: ihr müsst zuerst untersuchen, ob überhaupt ein Testament gemacht ist, zweitens, ob der, welcher es machte, nicht etwa bei gestörtem Verstande war. Und nun lässt der Text ihn weiter sagen: Da wir nun aber behaupten, es sei kein Testament gemacht, wie könnt ihr da entscheiden, ob einer bei gestörtem Verstande testirt hat, bevor ihr von dem Testiren selbst überzeugt seid. Das heisst also wiederum nichts Anderes als: ihr müsst zuerst untersuchen, ob das Testament gemacht ist, und dann erst, ob es der Testator nicht etwa bei gestörtem Verstande gemacht hat. Der einzige Unterschied ist der, dass im zweiten Fall die Frageform angewendet wird, die aber den Eindruck zu machen geeignet ist, als hätten die Richter wirklich zuerst die Frage zu untersuchen gedacht, ob der Erblasser verrückt gewesen sei oder nicht, um erst dann zu untersuchen, ob er überhaupt testirt habe. Das aber ist ja gänzlich ungereimt. Kurz, ich halte die Worte für fremde Zuthat.

In §§ 24 und 25 findet sich eine interessante Stelle. *Blass* p. 507 sagt über den Inhalt: der Redner fertigt kurz den Einwand ab, dass nicht sie, sondern Andere die Verwandten seien. Die Abfertigung scheint mir aber nicht ganz gelungen. Zunächst freilich beginnt sie nicht übel. Der Redner bemerkt nämlich, wenn Hagnon und Hagnotheus nicht mit Nikodemus verwandt sind, wie die gegnerischen Zeugen behaupten, so müssten diese vernünftigerweise selbst Ansprüche erheben, nicht aber Chariades helfen. Man ergänzt von selbst: da sie aber keine Ansprüche erheben, so ist oben ihre Behauptung falsch. So weit ist Alles gut. Nun lässt aber Isäus den Sprecher weiter auseinandersetzen, dass es für die Zeugen besser sei, wenn seine Partei und nicht Chariades die Erbschaft erhielte, weil, nur wenn die Erbschaft κατὰ γένος, nicht aber wenn sie κατὰ δόσιν zugesprochen werde, für sie Aussicht sei, sie einst noch selber an sich zu bringen. Möglich, dass der Sprecher die Gegner damit verhöhnen will, indem er ihnen so nachweist, sie handelten gegen ihren eigenen Vortheil; die Argumentation ist aber gefährlich, denn wenn sie somit gegen ihren eigenen Vortheil opponiren, so folgt daraus für den Werth ihres Zeugnisses vor Gericht gerade, was der Sprecher nicht wünschen kann, nämlich dass dasselbe nicht aus eigennütziger Absicht gegeben ist, sondern im Interesse der Wahrheit, und unklug ist es daher von Sprecher, die Richter hierauf aufmerksam zu machen.

Im Uebrigen stosse ich mich an der Wendung ἀλλ' ἕτεροι. Der Redner soll also sagen: nicht Hagnon und Hagnotheus sind Verwandte, sondern Andere. *Moy* nimmt ἕτεροι wie συγγενείς prädicativ und übersetzt: et d'une autre famille. Das ist wohl falsch. Schon die Stellung zeigt, dass Ἅγνων und Ἁγνόθεος, d. h. das Subject, in einen Gegensatz gebracht werden sollen zu einem zweiten Subjecte. Auch wäre ἕτεροι undeutlich gesagt und ausserdem überflüssig. Also ἕτεροι ist Subject; so fasst es auch *Schömann* und versteht nun mit Recht, wie das Weitere zeigt, die Zeugen des Chariades selbst darunter. Wie können diese aber ἕτεροι genannt werden? Man erwartet durchaus ἀλλ' αὐτοί und wird wohl in

Ἕτεροι nichts anderes als ἐγγυτέρω zu suchen haben, wie § 25 αὐτοὶ ἐγγυτέρω; so schlage ich vor auch hier zu lesen.

Zur 4. Rede macht *Naber* nur wenige Bemerkungen, sie sind dafür aber alle verkehrt. § 1 will er ἄν streichen im Satze δοκεῖ ἱκανὰ ἂν γενέσθαι τεκμήρια, der Infinitiv hat aber potentialen Charakter; μόνον in § 4 will er in μόνον ändern, was ebenso unnöthig ist wie die Einschiebung von αὐτῷ zwischen τῷ und ἀνδρί. In § 23 hilft er dem Stile des Isäus auf, indem er das Wort Χαριάδου streicht, und § 25 missfällt ihm das Imperfectum ἦσαν, für das εἰσί gesetzt werden müsse. Mit dem Imperfectum soll aber nur nach ganz gewöhnlichem Sprachgebrauch (s. Kr. 53, 2. 6) auf die Zeit hingewiesen werden, welche der zu erwartenden Handlung (ἐπιδεῖξαι) vorausging. *Naber* streicht ferner § 28 die Worte ἀπὸ τῶν ἔνδεκα, wodurch der folgende Relativsatz unmöglich wird, und will endlich ὡμολόγησε in § 31 für ὡμόσατε; das Perfectum steht allerdings II, 47, aber der Aor. VIII, 46.

Hecwerden geht besonnener zu Werke. Falsch aber ist das Verlangen, dass in § 4 nach ἀλλ' eingeschoben werde ἦ; denn nach einer Negation oder einer negationsartigen Frage heisst (in zusammenhängender Construction) ἀλλά, gewöhnlicher ἀλλ' ἦ, ausser, als. Kr. 69, 4. 6. cf. z. B. Dem. geg. Meid. 121 λέγει μηδένα ἕτερον εἶναι τὸν φονέα ἀλλ' Ἀριστάρχον. Es ist eine ganz analoge Erscheinung, dass auch dem Comparativ in Fragen zuweilen ἦ vor einem folgenden Satz fehlt, wie *Thuk.* I. 33, 2 Τίς εὐπραξία σπανιωτέρα ... ἢ — πάρεστιν.

Zu or. V.

Diese Rede gibt mir Anlass, auch meinerseits eine etwas dunkle Partie des attischen Erbrechts zu prüfen. Es frägt sich nämlich, wie es mit der Hinterlassenschaft gehalten wurde, wenn weder Kinder noch Brüder, sondern nur Schwestern und Kinder von Schwestern vorhanden waren. *Bunsen*[1]) ist der Ansicht, die Erbschaft sei in diesem Falle einfach nach Köpfen getheilt worden, so dass also Schwestern und Kinder von Schwestern zu gleichen Theilen erbten, während *Schömann*[2]) geneigt ist, diese Auffassung dahin zu beschränken, dass neben den Schwestern nur Kinder von verstorbenen Schwestern zu gleichen Theilen erbten. *H. Weissenborn* endlich[3]) will die Kinder überhaupt nicht berücksichtigt sein lassen, sondern erklärt, es sei nach Stämmen, nicht nach Köpfen getheilt worden. Die Entscheidung dieser Streitfrage, so weit sie überhaupt von der vorliegenden Rede abhängt, wird dadurch erschwert, dass gerade an der wichtigsten Stelle § 26 der Text offenbar verdorben ist. Um so mehr Reiz hat die Untersuchung.

Die thatsächlichen Verhältnisse, um die sich die Rede dreht, sind kurz folgende. Dikäogenes II, Sohn des Menexenus I und Enkel des Dikäogenes I hinterliess bei seinem Tode vier Schwestern und einen Adoptivsohn Dikaeogenes III, Sohn des Proxenus; an diesen kam das Vermögen zum dritten Theil, während die andern zwei Drittel an die Schwestern fielen. Nach zwölf Jahren weiss Dikäogenes durch ein untergeschobenes neues Testament sich des ganzen Erbes zu bemächtigen, das er nunmehr zehn Jahre lang besitzt. Zwar

---

[1]) De jure hered. Athen., Gött. 1813, p. 26 sq.
[2]) Im Comm. p. 289 sq.
[3]) *Ersch & Gruber*, II. Sect., Bd. 24, p. 294.

führt Menexenus, Kephisophon's Sohn, die Verurtheilung eines Hauptzeugen des Dikäogenes herbei, wird dann aber durch Versprechungen vermocht, von Weiterem abzustehen; als ihm diese aber nicht gehalten werden, verlangt er in Verbindung mit seinen Vettern Herausgabe des ganzen Erbes, da die beiden Testamente ungültig seien. Hiegegen legt Leochares eine Diamartyrie ein, wird aber als falscher Zeuge angeklagt und ist auf dem Punkt, verurtheilt zu werden, als Dikäogenes unter Stellung von Bürgen Herausgabe von zwei Dritteln verspricht. Der Vorschlag wird angenommen; Dikäogenes jedoch gibt nur wenig heraus und der Bürge Leochares läugnet, sich verbindlich gemacht zu haben. Darum klagt ihn der Sohn der ältesten Schwester wegen nicht erfüllter Bürgschaft an und hievon handelt die Rede.

Prüfen wir zunächst die Gründe *Bunsen's*. Er geht von folgendem Satze aus (p. 27): Cum in lege de fratribus aut eorum liberis agatur, Isaeus expresse sorores semper et eorum liberos vocatas en esse dicit; diese Behauptung ist ungenau, *Bunsen* bezieht sich auf *Is.* XI, 1, dort heisst es aber: ὁ νόμος περὶ ἀδελφοῦ χρημάτων πρῶτον ἀδελφοῖς τε καὶ ἀδελφιδοῖς πεποίηκε τὴν κληρονομίαν κτί, also τε καί, nicht aber ἦ; demnach ist zwischen dem, was bei Brüdern und ihren Kindern, und dem, was bei Schwestern und Kindern von solchen gelte, in dem Wortlaut des Gesetzes kein Unterschied angedeutet.

Bunsen findet ferner seine Ansicht durch unsere Rede bestätigt. Er schreibt nämlich: Dicaeogenes Menexeni cuiusdam filius neque liberis neque fratribus eorumve liberis relictis decesserat. Exstabant vero sorores et filii filiaeque ex iis natae. Eius igitur quum Polyaratus quidam duxerat sororis filius, sibi et ex alia filia nato Cephisodoto eandem hereditatis partem deberi dicit. Dies ist wiederum falsch; § 12, welchen *Bunsen* im Auge hat, lautet: Μενέξενος γὰρ ὁ Κηφισοφῶντος υἱός, ἀνεψιὸς ὢν Κηφισοδότῳ τουτῳὶ καὶ ἐμοί, καὶ προσῆκον αὐτῷ τοῦ κλήρου μέρος ὅσον περ ἐμοί κτλ.; ich denke, es ist klar, dass unter αὐτῷ nicht Kephisodotus, sondern Menexenus gemeint ist. — *Bunsen* führt fort: inde sequitur filius, matre etiam defuncti sorore viva successionis iura habuisse. Dies anzunehmen liegt keine Nöthigung in der Stelle, dieselbe kann auch so verstanden werden, dass der Sprecher nicht von seinem und des Menexenus persönlichem Antheil rede, sondern von den beiden Vierteln, welche ihren Familien, deren Interessen sie vertreten, zukommen.

Ebenso wenig stichhaltig ist *Bunsen's* dritter Grund. Er sagt: Deinde narrat ille, eandem quae ipsius matri, hereditatis partem ei etiam feminae quae a Dicaeogeno cum dote Protarchidi cuidam sit desponsa, sive sorori suae, deberi. Die betreffenden Worte des Isäus stehen in § 26; hier liest *Bunsen* mit *Reiske* und *Jones*: Πρωταρχίδη γὰρ τῇ Ποταμίῳ ἔδωκε Δικαιογένης τὴν ἀδελφὴν τὴν ἐμαυτοῦ, die Handschriften geben ἑαυτοῦ. Die Ueberlieferung freilich ist nicht zu halten; denn Dikäogenes III kann erstens nicht Subject sein, weil seine Schwester keinerlei Antheil am Erbe des Dikäogenes II haben konnte, und wenn Dikäogenes II Subject ist, so hätten wir hier eine fünfte Schwester desselben, während nach § 5 er deren nur vier hatte; oder aber man müsste annehmen, die hier gemeinte Schwester sei die Wittwe des Demokles, eine Vermuthung, welche zuerst von *Weissenborn* p. 294 und nach ihm von *Naber* im ersten Band der Mnem. (jetzt im Jahrgang 1877 wiederholt) und von *Schäfer* (Demosth. und seine Zeit, III. 2. Abtheil., S. 213) ausgesprochen worden ist. Ich halte diese Vermuthung für falsch. Nach § 26 ist es Dik. II, der die betreffende Person dem Protarchides zum Weibe gegeben hat; nach dem Tode des Dikäogenes II war sie also jedenfalls des Protarchides Weib; wie könnte sie dann aber in § 9, d. h., nachdem sie wenigstens zwölf Jahre lang mit Protarchides verheiratet gewesen, als Weib des Demokles bezeichnet werden? Wenn ferner in § 5 die Gatten der vier Schwestern genannt sind, können doch nur diese gemeint sein unter den ἡμέτεροι πατέρες in § 6; wie wäre es nun aber möglich, nachdem in § 5 Demokles als Gatte bezeichnet war, in § 6 Protarchides neben Polyaratus, Kephisophon und Theopompus zu verstehen, zumal da von ihm mit keiner Silbe die Rede war? Davon gar nicht zu reden, dass überhaupt der passende Ort, von dieser zweiten Heirat etwas zu sagen, § 5 gewesen wäre, nicht erst §. 26. Schliesslich müsste es allerdings «gerechtes Bedenken» erregen, wenn eine der vier Schwestern so ohne nähere Bezeichnung genannt wäre. Die handschriftliche Lesart ist also jedenfalls nicht zu halten. Aber auch die Aenderung des ἑαυτοῦ in ἐμαυτοῦ kann nicht helfen, wie *Schömann* p. 288 gezeigt hat; Dikäogenes III war nämlich nach § 10 nur Vormund der Kinder des Theopompus, nicht aber derjenigen des Polyaratus, demnach wäre gar nicht abzusehen, mit welchem Rechte er die Schwester des Sprechers hätte verloben können. Ausserdem wissen wir aber aus Demosth. R. g. Boeot. (s. *Schäfer* l. c.), was *Schömann* entgangen ist, dass keiner der Männer der beiden Schwestern des Sprechers Protarchides hiess. Also fällt auch der dritte Grund *Bunsen's* dahin.

Endlich will derselbe auch noch die Rede de Philoctemonis hereditate hieherziehen; dass dies mit Unrecht geschieht, ist ebenfalls von *Schömann* p. 319 bewiesen.

Somit wären die *Bunsen*schen Gründe einer nach dem andern widerlegt.

Ich will aber noch Einiges beifügen. Hätte *Bunsen* Recht, so müsste es sehr auffallen, dass jedesmal, wo von der Theilung des Erbes die Rede ist, nur die vier Schwestern des Verstorbenen, nicht aber auch ihre Kinder erwähnt werden; so gleich in § 6 heisst es, nachdem Dik. III als Adoptivsohn sein Drittheil erhalten hatte, τῶν λοιπῶν ἐκάστη τὸ μέρος ἐπεδικάσατο τῶν Μενεξένου θυγατέρων, d. h. der Schwestern des Verstorbenen. Ferner § 16 κατὰ δόσιν μὲν οὐδενὶ προσῆκε τοῦ κλήρου, κατ᾽ ἀγχιστείαν δὲ ταῖς Δικαιογένους τοῦ ἀποθανόντος ἀδελφαῖς; so verspricht Dik. § 18 die Herausgabe von zwei Drittheilen der Erbschaft (nicht der Hälfte, wie *Weissenborn* l. c. p. 293 sagt) zu Gunsten der Schwestern des Erblassers: ebenso § 20 und 27. Wenn ferner § 9 bemerkt wird, Dik. III habe der Tochter des Kephisophon ihr Erbe weggenommen, so braucht daraus nicht zu folgen, dass diese neben ihrer Mutter ein Erbtheil erhalten habe, sondern es kann auch so gemeint sein, dass ihre Mutter zu dieser Zeit schon gestorben war. Und so war es auch; denn wäre sie noch am Leben, so würde gesagt sein, dass auch sie ihres Erbtheiles beraubt worden sei, so gut als dies von der Gattin des Demokles berichtet wird. Und wenn es nachher heisst, Dik. habe auch der Mutter des Kophisodotus und diesem selbst Alles genommen, so ist es wiederum nicht nothwendig, daraus die Existenz eines besondern Erbtheiles des Sohnes neben dem der Mutter abzuleiten, denn wurde die Mutter beraubt, so wurde es damit zu gleicher Zeit auch der Sohn.

Nun zu *Schömann's* Ansicht; auch diese stösst auf grosse Schwierigkeiten.

Es ist von vorneherein deshalb nicht denkbar, dass sich aus unserer Rede für dieselbe Beweise ableiten lassen, weil nach § 6 alle vier Schwestern des Dik. II beim Tode desselben, als die Verlassenschaft getheilt wurde, noch am Leben waren. Doch sehen wir, wie *Schömann* zu seiner Meinung kommt. § 9 ist von dem Erbtheil der Tochter des Kephisophon, § 12 von demjenigen des Menexenus, eines Sohnes desselben, die Rede und heisst es, des Menexenus Antheil sei gleich gross wie der des Sprechenden oder, wie *Schömann* richtig erklärt, wie derjenige der Mutter des Sprechenden. Ferner nimmt *Schömann* an, in der verdorbenen Stelle § 26 sei τούτου für ἑαυτοῦ zu schreiben; dann hätte Kephisodotus eine Schwester, von der es hiesse, sie habe einen gleich grossen Antheil wie die Mutter des Sprechers; und es meint nun *Schömann*, zu der Zeit, wo Dik. vor Gericht gezogen und zur Zurückgabe von zwei Dritteln genöthigt worden sei, habe die

Mutter des Kephisodotus nicht mehr gelebt und darum habe dieser sowohl als seine Schwester einen gleich grossen Antheil wie ihre Tante, d. h. die Mutter des Sprechers, zu beziehen das Recht gehabt. Hier erregt nun zunächst eines grosses Bedenken. Setzen wir den Fall, es sei wirklich Gesetz gewesen, dass die Kinder einer Verstorbenen zu gleichen Theilen wie die Schwestern derselben erbten, so kann das doch nur so verstanden werden, dass sie dieses Recht dann hatten, wenn zur Zeit des Todes ihres Onkels sie bereits die Mutter verloren hatten, nicht aber, dass sie dasselbe behielten, wenn ihre Mutter nach Verlauf einer beliebigen Zeit nach dem Tode desselben starb. Man bedenke nur, dass ja in unserem Falle erst 22 Jahre nach dem Tode des Erblassers Kephisodotus und seine Schwester dies Recht erlangt hätten und dass, wenn ihnen entsprochen worden wäre, der Antheil, den ihre drei Tanten zwölf Jahre hindurch unangefochten besessen hatten, hätte verringert werden müssen. Das ist ja rein undenkbar. Aber auch die weitern Ausführungen *Schömann's* können nach dem oben Gesagten nicht richtig sein und es müssen darum die angeführten Stellen sich anders verstehen lassen.

Was den ersten Punkt betrifft, dass § 9 von dem Erbtheil der Tochter des Kephisophon die Rede ist und § 12 gesagt wird, Menexenus, der Sohn desselben, habe einen ebenso grossen Antheil zu beanspruchen wie der Sprecher, oder richtiger die Mutter desselben, so lässt sich diese Schwierigkeit am einfachsten beseitigen durch die Annahme von *Naber*, dass dieser Menexenus ein Adoptivsohn des Kephisophon gewesen sei, der als solcher die Tochter desselben geheiratet habe. Bei dieser Hypothese schwinden alle Bedenken, namentlich begreift man nun auch, weshalb in § 9 nicht auch des Menexenus Erwähnung geschieht als eines, der von Dik. aus seinem Erbe vertrieben worden sei. — Die zweite Stelle, § 26, wird von *Schömann* durch Schreibung von τούτον statt ἑαυτοῦ erst für seine Ansicht beweiskräftig gemacht; ich kann aber diese Conjectur nunmehr wohl auf sich beruhen lassen, nachdem oben gezeigt ist, wie so gar nicht abzusehen wäre, dass überhaupt aus dieser Rede Beweise für die *Schömann*'sche Ansicht sich könnten ableiten lassen. Auch ich halte die von *Weissenborn* vorgeschlagene, von *Scheibe* acceptirte Emendation ἀδελφιδῆν für ἀδελγήν für das allein Richtige; diese ἀδελφιδῆ ist die Tochter der Gattin des Demokles und hat als einziges Kind ihrer Mutter natürlich einen ebenso grossen Erbantheil als die Mutter des Sprechers.

So ergiebt sich denn als Resultat, dass die Erbschaft eines ohne Kinder und Brüder Verstorbenen unter die überlebenden Schwestern und Kinder derselben nach Stämmen und nicht nach Köpfen vertheilt wurde, ein Resultat, welches durch die Rede über die Erbschaft des Apollodorus bestätigt wird.[1])

Naber will im § 45 die Auriste ἐποίησας und εἰργάσω nicht gelten lassen, sondern verlangt analog dem vorausgehenden λελειτούργηκας und dem folgenden ὠφέλικας die Perfectformen πεποίηκας und εἴργασαι. Er bemerkt mit Verweisung auf VI, 60, dass jeweilen, wo von Verdiensten, die sich einer um das Vaterland erworben habe, die Rede sei, das Perfectum angewendet werde. Ich für meine Person bin der Meinung, der vorgeschlagenen, allerdings sehr nahe liegenden Aenderung des Textes müsste eine genaue Untersuchung des Gebrauches der Tempora bei Isäus vorhergehen; dieselben wechseln nämlich oft genug in sehr auffallender Weise; speciell zu der angefochtenen Stelle vergleiche man VII, 40 *καὶ τούτων τίνα λειτουργίαν οὐκ ἐξελειτούργησεν; ἢ τίνα εἰσφορὰν οὐκ ἐν πρώτοις εἰσήνεγκεν; ἢ τί παραλέλοιπεν ὧν προσῆκεν;*

---
[1]) *Weissenborn*, l. c. pag. 294, A. 98.

Zu or. VI.

Aus der sechsten Rede glaubt *Bunsen* p. 21 ein Erbrecht des Vaters vor den Brüdern erweisen zu können. Ich will im Folgenden zeigen, dass *Bunsen* sich irrt. Zu diesem Behufe muss ich zunächst die Verhältnisse nach der Erzählung des Sprechers kurz skizziren.

Euktemon hatte aus der Ehe mit der Tochter des Kephisiers Mixiades drei Söhne, Philoktemon, Ergamenes und Hegemon, und zwei Töchter, von denen die eine den Phanostratus, die andere den Chäreas geheiratet hatte. Ergamenes und Hegemon sterben, ohne Nachkommen zu hinterlassen, Philoktemon dagegen, selber kinderlos, adoptirt den einen Sohn des Phanostratus, namens Chärestratus. Euktemon geräth, schon hochbetagt, in die Netze einer Buhlerin, namens Alke, welche von Dion, einem Freigelassenen, zwei Söhne hatte. Von diesen will Euktemon den ältern in die Phratrie einführen. Den Widerstand seiner Familie, namentlich des Philoktemon, weiss er dadurch zu brechen, dass er droht, er werde sich mit der Schwester des Aphidnäers Demokrates verheiraten. Dieser Drohung gegenüber giebt Philoktemon seine Einwilligung dazu, dass Euktemon den Sohn der Alke ἐπὶ ῥητοῖς in die Phratrie einführe, d. h. so, dass demselben von der Erbschaft ein Grundstück gutgeschrieben werde. Nach dieser Zeit stirbt Philoktemon, Euktemon aber legt sein Uebereinkommen mit ihm schriftlich bei dem Kephisier Pythodorus nieder. Zwei Jahre später lässt der schwache Greis sich von zwei Verwandten, Androkles und Antidorus, welche mit der Alke unter einer Decke stecken, bewegen, diese Urkunde für ungültig zu erklären und den beiden Söhnen der letztern mehr als drei Talente, die er durch Veräusserung von Immobilien gewinnt, zu schenken. Um nun aber auch den Rest des Vermögens den rechtmässigen Erben zu entreissen, legen Androkles und Antidorus, da Euktemon vor Altersschwäche sein Lager nicht mehr verlassen kann, dem Archon eine Urkunde vor, nach der sie zu Vormündern der beiden Söhne der Alke ernannt und diese selbst von Philoktemon und Ergamenes adoptirt seien. Zugleich erheben sie die Forderung, dass ein Theil des Vermögens verpachtet, der andere als Pfand bestellt werden solle. Damit werden sie aber vom Gericht abgewiesen. Nun stirbt Euktemon und sofort erhebt Phanostratus für seinen Sohn Chärestratus als Erben des Philoktemon Anspruch auf den Nachlass. Ihm widersetzt sich Androkles, indem er zuerst als nächster Anverwandter die Wittwe des Chäreas als ἐπίκληρος mit einem Fünftel des Vermögens beansprucht, dann aber, da er damit nicht durchdringt, als Vormund der Söhne der Alke eine Diamartyrie einlegt, in der er behauptet, die Erbschaft sei ἀνεπίδικος, da die beiden rechtmässige Söhne des Euktemon aus der Ehe mit Kallippe, der Tochter des Pistoxenus, und darum seine einzigen Erben seien, denen die väterliche Erbschaft nicht streitig gemacht werden dürfe.

Gegen diese Diamartyrie ist die sechste Rede gerichtet.

Die Gründe *Bunsen*'s nun sind folgende:

Da Androkles und Genossen den alten Euktemon dahin bringen, dass er die Adoption der Söhne der Alke in Beziehung auf das Vermögen des Philoktemon und Ergamenes zur Anerkennung bringen lassen wolle, so gehe daraus hervor, dass eben das Vermögen dieser nach dem Tode seiner Besitzer an den Vater zurückgefallen sei.[1]) — Hiegegen ist Folgendes zu bemerken: Bevor gefragt werden kann, wer die Besitzthümer des Philoktemon geerbt habe, muss festgestellt werden, dass überhaupt welche vorhanden waren. Es scheint mir aber ganz unzweifelhaft, dass dem nicht so war. Da nämlich Philoktemon einige Jahre vor Euktemon mit Hinterlassung eines Adoptivsohnes starb, so ist klar, dass, wenn etwas zu erben gewesen wäre, dieser sofort den gerichtlichen Zuspruch desselben herbeizuführen versucht hätte. Dies ist aber damals offenbar nicht geschehen; denn die Diamartyrie des Androkles, welche durch die Forderung des Chärestratus, als Adoptivsohn und Erbe des Philoktemon erklärt zu werden, hervorgerufen wurde, § 3, 4, erfolgte erst nach dem Tode des Euktemon, also, wie gesagt, mehrere Jahre nachdem Philoktemon gestorben: dies geht, von Anderem abgesehen, daraus hervor, dass Androkles und Antidorus als Vormünder der Söhne des Euktemon ihre Einsprache erhoben. Allerdings wird ab und zu, wie denn auch die Rede περὶ τοῦ Φιλοκτήμονος κλήρου betitelt ist, von dem Vermögen des Philoktemon die Rede. Damit ist aber immer nur das des Euktemon gemeint, welches nach Ansicht des Sprechers von Rechtswegen dem Philoktemon, oder da dieser nun gestorben, seinem Adoptivsohn zukommt. In §§ 36 und 45 aber ist diese Auffassung nicht zulässig; dort ist offenbar die Rede von einem besondern Vermögen, welches Philoktemon und Ergamenes hinterlassen haben sollen, allein es sind Androkles und Antidorus, welche zum Gelingen ihrer betrügerischen Machinationen die Existenz eines solchen erdichten und zwar höchst wahrscheinlich ohne Wissen des Euktemon. Es ist also mit *Schömann*, prooem. p. 322, anzunehmen, dass Philoktemon und Ergamenes gar keine eigenen Besitzthümer hatten, sondern mit Euktemon das gemeinsame, ungetheilte Familienvermögen verwalteten, wie es denn auch § 32 heisst: οὕτω πολλὴν οὐσίαν ἐκέκτητο Εὐκτήμων μετὰ τοῦ υἱέος Φιλοκτήμονος κτλ. Es befindet sich demnach auch *Gans*[2]) im Irrthum, wenn er meint, dass die Clienten des Isäus schon im Besitze des Vermögens des Philoktemon seien; im Uebrigen polemisirt er dagegen mit Erfolg gegen *Bunsen* und behauptet namentlich mit Recht, dass es sich in dieser Rede gar nicht um die Erbschaft des Philoktemon, sondern um die des Euktemon handle.

Der zweite Grund, welchen *Bunsen* für seine Ansicht anführt, ist hinfällig, da er auf einer falschen Auffassung einer Stelle der Rede beruht. § 56 nämlich sagt Isäus: εἰ γάρ, ὡς οὗτοι λέγουσι, τῷ μὲν Φιλοκτήμονι μὴ ἐξῆν διαθέσθαι, τοῦ δ' Εὐκτήμονός ἐστιν ὁ κλῆρος, πότερον δικαιότερον τῶν Εὐκτήμονος κληρονομεῖν τὰς ἐκείνου θυγατέρας κτλ. Dies versteht *Bunsen* so, als sei damit gesagt, der Sprecher gebe zu, dass, wenn Philoktemon ohne Testament gestorben wäre, sein Vermögen an den Vater hätte zurückfallen müssen. Ich glaube, dies sei nicht der Sinn der Stelle. Zwar scheint mir der Einwurf von *Gans*, l. c., nicht hinreichend beweiskräftig: «Sollte von einem erst durch den Euktemon zu erwerbenden Erbe die Rede sein, so könnte der Redner sich unmöglich des Wortes ἐστίν bedienen». Nehmen wir einen Augenblick an, es sei wirklich von einem κλῆρος des Philoktemon die Rede, welcher nach der Behauptung der Gegner des Sprechers an den Euktemon zurückzufallen habe, so

---

[1]) l. c. Philoctemone atque Ergamene, duobus Euctemonis filiis patre superstite mortuis, Androcles eiusque asseclae Philoctemonem testari potuisse negantes, senem illum imbecillum addoxerant, ut duos filios, quos ex Alce concubina natos susceperat, legitimos factos in illorum, Ergamenis atque Philoctemonis bona adoptandos curaret. Quod quomodo fieri poterat, nisi Ergamenis, qui fratre saltem Philoctemone relicto, et huius ipsius qui sororibus eorumque liberis superstitibus decesserat, nisi utriusque igitur bona ad Euctemonem patrem devenerant?

[2]) I. 368.

werden Androkles und Genossen sagen können: *τοῦ Εὐκτήμονός ἐστιν ὁ κλῆρος τοῦ Φιλοκτήμονος*, indem sie damit nur positiver und energischer sich ausdrücken, als wenn sie sagten, er sei der berechtigte Erbe. Eine andere Frage ist aber, ob die Erklärung *Bunsen*'s im Zusammenhange möglich sei. Davon will ich zunächst nicht reden, dass bei seiner Auffassung ein *αὐτοῦ* nach *κλῆρος* ungern vermisst würde. Der Zusammenhang selber aber zeigt deutlich, dass hier nicht von einem Specialvermögen des Philoktemon die Rede ist, sondern nur davon, ob Philoktemon über das Hausvermögen habe testamentarisch verfügen dürfen oder nicht. Nachdem nämlich in den vorausgehenden Paragraphen gezeigt ist, die Gegner hätten entweder in einer Diamartyrie erklären sollen, Philoktemon habe kein Recht zum Testiren gehabt, § 32, oder aber sich doch nicht so lächerlich machen sollen, jetzt in der Diamartyrie zu behaupten, derselbe habe überhaupt nicht testirt, erklärt es der Redner in unserem Paragraphen für das allerärgste, dass die Gegner auch noch den Namen des Euktemon missbrauchten (indem sie behaupteten, die Söhne der Alke seien dessen Kinder); «denn wenn, wie diese sagen, Philoktemon nicht testiren durfte und das Erbe (um das es sich handelt) das des Euktemon ist, so müssen doch natürlich die Töchter und deren Kinder, nicht aber wildfremde Leute es bekommen». Selbstverständlich ist aber das Erbe, welches die Schwestern und Kinder nach des Sprechers Meinung bekommen sollen, nicht das Specialvermögen des Philoktemon, sondern das ganze Hausvermögen; an ersteres lässt sich also auch hier wieder nicht denken.

Endlich führt *Bunsen* als dritten Beweis das Gesetz bei *Demosth.* 43, 51 an. Dasselbe lautet: *ὅστις ἂν μὴ διαθέμενος ἀποθάνῃ, ἐὰν μὲν παῖδας καταλίπῃ θηλείας, σὺν ταύτῃσιν, ἐὰν δὲ μή, τοῦσδε κυρίους εἶναι τῶν χρημάτων· ἐὰν μὲν ἀδελφοὶ ὦσιν ὁμοπάτορες καὶ ἐὰν παῖδες ἐξ ἀδελφῶν γνήσιοι, τὴν τοῦ πατρὸς μοῖραν λαγχάνειν κτλ.* Bunsen meint nämlich, *τοῦ πατρός* beziehe sich auf den Vater des ohne Kinder Verstorbenen, so dass also das Successionsrecht des Vaters in dem Falle eintreten würde, wenn Söhne ohne Kinder sterben. Gegen diese Erklärung hat bereits *Gans* I, 370 Front gemacht. Zu dem, was derselbe anführt, möchte ich darauf aufmerksam machen, dass das Wort *μοῖρα*[1]) deshalb nicht vom Vater des Erblassers gesagt sein kann, weil nach *Bunsen*'s Meinung dieser ja nicht einen Theil, sondern das Ganze erben würde, und also nicht *μοῖραν*, sondern *ἅπαντα τὸν κλῆρον*. Somit sind, glaube ich, die Gründe *Bunsen*'s widerlegt.[2])

---

[1]) S. zu diesem Wort *Bunsen* p. 26, Anm.

[2]) Leider zu spät kommt mir das Programm des Gymnasiums in Darmstadt vom Jahre 1875 in die Hände, in welchem *Friedrich* die Frage der Erbberechtigung des Vaters ebenfalls bespricht und zwar in ungefähr gleichem Sinne, wie dies von mir geschehen ist. Ein anderer Abschnitt derselben Arbeit behandelt im Anschluss an or. XI das Erbrecht der Mutter, welches ebenfalls von *Bunsen* behauptet und von *Gans* bestritten wird. *Friedrich* kommt S. 21 zu der Ansicht, dass zwar *Bunsen*'s Gründe von *Gans* nicht widerlegt seien, trotzdem aber das Erbrecht der Mutter bezweifelt werden könne, besonders da dasjenige des Vaters noch nicht erwiesen sei. Hiezu bemerke ich einstweilen nur Folgendes: Nach meiner Meinung ist *Bunsen* allerdings von *Gans* widerlegt und hat *Friedrich* nichts beigebracht, was die Beweisführung des letztern irgend erschüttern könnte: denn der Satz, auf welchem *Friedrich* seine Anschauung aufbaut, dass nämlich *ἀγχιστεία* als ein relativer Begriff gebraucht sei, ist unrichtig und die Stellen §§ 18, 19, 29, welche *Friedrich* für sich anführt, beweisen gerade gegen ihn. Durch dies Wort werden stets diejenigen Verwandtschaftsgrade bezeichnet, welche das Gesetz als erbberechtigt erklärt und welche Grade dies sind, wird mehrfach angegeben, z. z. B. § 2 — — *τρίτῳ γένει δίδωσι τὴν ἀγχιστείαν.* § 5 *τί τούτων τῶν ὀνομάτων, οἷς ὁ νόμος τὴν ἀγχιστείαν δίδωσι.* § 11 *τὸ μὲν γὰρ εἶναι τὴν ἀγχιστείαν ἀνεψιοῖς πρὸς πατρὸς μέχρι ἀνεψιῶν παίδων ὁμολογεῖται παρὰ πάντων.* § 17, wo es von der Mutter heisst: *ἐν ταῖς ἀγχιστείαις ὁμολογουμένως οὐκ ἔστιν.*

Im Anfang von § 25 ist der Text in Unordnung. Der Satz τί γάρ ἔδει κτλ. sollte, wie γάρ zeigt, eine Begründung oder Erklärung des Vorausgehenden beibringen, das ist aber nicht der Fall. Voraus geht die Erzählung, dass Euktemon, zornig über den Widerstand, den er bei seinem Vorhaben, den ältern Sohn der Alke einzuführen, bei seinen Verwandten fand, gedroht habe, sich mit der Schwester des Demokrates zu verheiraten, ὡς ἐκ ταύτης παῖδας ἀποφανῶν καὶ εἰσποιήσων εἰς τὸν οἶκον. Auf diese Drohung hin hätten die Verwandten sich gefügt und Euktemon die Verlobung aufgegeben, damit also zeigend, dass er, nicht um Kinder zu bekommen, habe heiraten wollen,¹) sondern um den Sohn der Alke einzuführen. Darauf folgt nun die Behauptung: Es gab nämlich keinen Grund für Euktemon zu heiraten, wenn er in gesetzmässiger Ehe mit einer Bürgerin erzeugte Kinder besass. Diese Behauptung aber begründet nichts im Vorausgehenden, sondern etwa den Gedanken: «Daraus sieht man aber auch, dass es unwahr ist, wenn die Gegner sagen, die Söhne der Alke seien aus gesetzmässiger Ehe mit einer Bürgerin hervorgegangen.» Dieser im Text fehlende Gedanke ergänzt sich aber nicht etwa von selbst und es ist darum entweder hier eine Lücke, was das Wahrscheinlichere, oder γάρ ist falsch.

§ 59 ist eine mir unverständliche Stelle, welcher damit nicht wirklich geholfen wird, dass wir mit *Schömann* vor εἰσιέναι den Ausfall von ἀξιοῖ annehmen. Denn der Gedanke: «Zu Gunsten des Chärestratus legt Niemand eine Diamartyrie ein, dass die Erbschaft nicht gerichtlichem Zuspruch unterliege,» enthält eine so selbstverständliche Thatsache, dass es höchst lächerlich wäre, wenn daraus ein Verdienst des Chärestratus abgeleitet werden sollte. Der Text wird eben noch weiter verdorben sein. Die Diamartyrie des Androkles ging dahin, dass den Söhnen der Alke als rechtmässigen der väterliche Erbschaft nicht streitig gemacht werden dürfe, und der Sprecher beschwert sich darüber, dass die Gegenpartei behaupte, μὴ ἐπίδικον εἶναι τὸν κλῆρον, § 4; sie sollte aber μὴ διαμαρτυρίᾳ κωλύειν ἀλλ' εὐθυδικίᾳ εἰσιέναι, § 52. Nachdem er dann von § 57 an nochmals das Verfahren der Gegner als ein sich selbst widersprechendes charakterisirt hat, wiederholt er, glaube ich, ganz einfach, was er in §§ 4 und 52 mit ähnlichen Worten bereits gesagt hat, indem er sich wohl so ausdrückt: καὶ τοῦτο μὲν οὐκ ἔδει διαμαρτυρεῖν μὴ ἐπίδικον εἶναι τὸν κλῆρον ἀλλ' εὐθυδικίᾳ εἰσιέναι κτλ. Dass nun mit οὗτος δέ das Subject in Gegensatz tritt zum vorausgehenden Thun, ist an sich allerdings nicht richtig, aber solche falsche Gegensätze finden sich auch anderswo, bei Isäus z. B. I, 19 οὗτοι δέ, VIII, 29 τῶν δὲ ἔτι ζώντων.

Nach *Schenkl*, Wiener Stud. 1881, S. 202, hat die erste Hand in § 2 nicht εὐνοίας, sondern εὐ**νείας, so dass zwei Buchstaben ausgefallen scheinen; also hat hier wohl gestanden: εὐμενείας.

---

¹) Gänzlich unrichtig verlangt *Naber* ἔγημε für das allein dem Sachverhalt entsprechende imperfect. conativum.